278
新教新書

待ちつつ急ぎつつ

キリスト教講話集Ⅳ

井上良雄

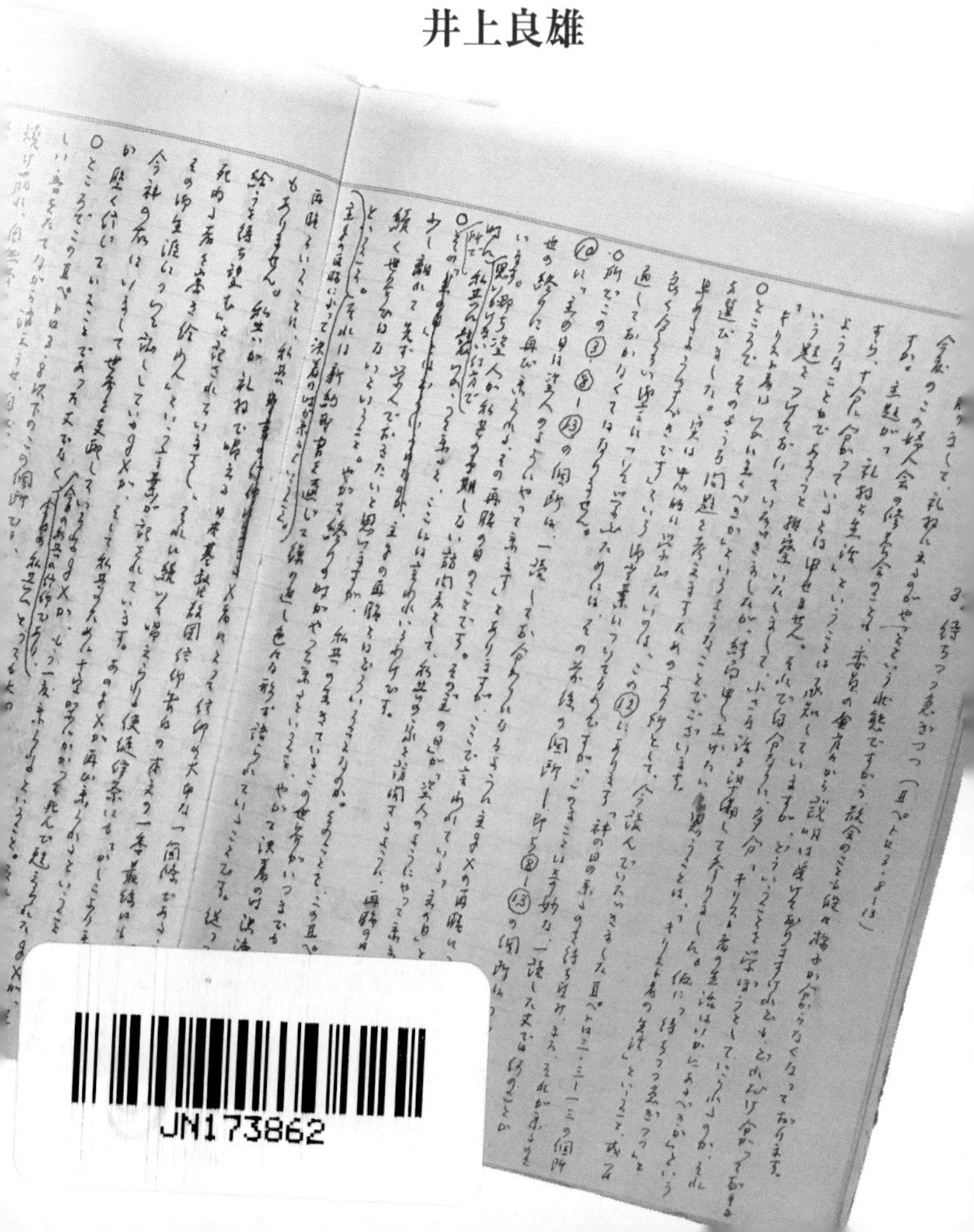

目次

高見順氏の死について

この夏休みには、私は家族に病人があって、その付き添いで二ヶ月ほど病院暮らしをしたということもあり、また池田前首相とかシュヴァイツァー博士とか山永武雄牧師とか、いろいろな方々の死ということもあって、人間の死の問題について考えることが多いのですが、そういう中で私の心に最も強い印象を残したのは、作家の高見順氏の死でした。

高見順氏の死については、病と闘う文士というような見出しでジャーナリズムに大きく報道されていましたが、実は私は中学校と高等学校が高見氏と同じ年度で、決して深いつき合いがあったわけではないのですが、一応の知り合いというような関係の人でした。その高見順氏が今年の三月頃、人を介して急に私に会いたいという申し入れがあって、私は早速彼が入院していた千葉の病院へ見舞いにゆきました。それは四回手術をしたその最後の手術の直前のことで、まだ表面的には元気そうにしていました。高見順という人は、高等学校の学生の頃からもう芸術活動をしていて、その頃の彼は長髪を風になびかせてという感じの颯爽とした人で、私などには近寄り難いような人であったのですが、病床に寝ている高見氏は、もう昔の面影はどこにもない痩せ細った姿でした。それでも表面的には元気そうによく話してくれて、ことに宗教のことについていろいろ話したいような様子でした。彼はその作品を読んでも分かるように、日本のインテリ一般と同じように宗教というようなものには病気になるまで何の関心もない人であったと思うのですが、その枕元に積んである書物の大部分は仏教関係の書物で、彼が今最後の死の床にいて、何を考えているのか、何に苦しんでいるのか、また私のような人間に会いたいと思うのがどういう動機からであったのか、私には十分に分かるように思われました。

彼が病床で書いた詩が『死の淵より』という題の詩集になって出版されていますが、その中に「泣きわめけ」という題の詩があって、それにはこういうふうに書いてあります。

「泣け、泣きわめけ／大声でわめくがいい／うずくまって小さくなって泣いていないで／膿盆の血だらけのガーゼよ／そして私の心よ」

彼は私と話している時、表面的には元気そうにしていましたけれども、しかし彼の心はこの詩に歌われているように、ちょうど「膿盆の血だらけのガーゼ」のような姿で、大き

な声で泣きわめいていたに違いないと思います。死という不条理な理不尽な力に対して――無表情な巨大な機械のように自分の上にのしかかって来て自分を押しつぶそうとする死の力に対して、泣きわめいていたに違いないと思われます。

　私たちの話が宗教のことになった時に、高見氏が、仏教では「生死《しょうじ》本来なし」というようなことを言うのだが、生も死もないなどということを言われてもねえ……と言って苦笑いするような表情をしていました。私は仏教のことについては何も言うことができなかったのですが、そういう仏教の言葉にすがって死の恐怖から逃れようとしているに違いない高見氏を前にして、ゆくりなく、昨年の夏にヨーロッパに行きました時にバーゼルの美術館で見た一枚の画を思い出していました。それはルネッサンス期の画家のハ

ンス・ホルバインが描いた「墓の中の死せるキリスト」という画で、ドストエフスキーがスイス旅行中にバーゼルでこの画を見て強い衝撃を受けて癲癇の発作を起こして倒れそうになったという画、そしてあの『白痴』という小説の中に出て来て重要な役割を演じている画ですが、縦一メートルくらいなのに横五メートルくらいある極端に細長い画で、その画面全体に、墓の中に横たえられたイエスの死体が描かれているわけです。その画の印象についてここで詳しくお話しすることはできませんが、一口に言えばホルバインはそこにイエスの姿を、何の美しさも何の神々しさもない一個の醜悪な死体——腐るにまかされた一個の死体として描いていると言っていいと思います。顔は鞭で打たれて腫れ上がり、眼は開いたままガラスのような色の目の玉がのぞいており、手の指は死の苦しみのために青ざめて硬

直している、そういう画です。それはドストエフスキーならずとも長く見つめていることに耐え得ないような画であり、ドストエフスキー自身が言っているように、すべての希望を打ち砕いてしまうような画だと言っていいと思います。

私はハンス・ホルバインという画家がどういう信仰をもった人であったか知らないのですが、しかし私は確かに、すべての希望を打ち砕くようなこの画の前に立った時に、この画に現れたこの画家の信仰を疑おうとは思いませんでした。むしろ、私たちのイエスに対する信仰というのは、この画に示されたような姿のイエスに対する信仰だということ、私たちのすべての希望はそのような姿のイエスにかかっているのだということを思わずにはいられませんでした。イザヤ書が「主の僕」の姿について、「彼には我々の見るべき姿がなく、威厳もなく、われわれの慕うべき美しさもない」（五三・二）と語った時に、「まことに彼はわれわれの病を負い、われわれの悲しみをになった」（五三・四）と語った時に、イザヤの眼の前にあった「主の僕」の姿は、この画のイエスのようなものではなかったかと思わずにはいられませんでした。そして今死の床に横たわって、血だらけのガーゼのような姿で泣きわめいている高見氏にとって――そしてまた同じようにやがて恐ろしい死と直面しなければならない私たちにとって、死の力からの解放は、「生死本来なし」というようなさわやかな言葉ではなくて、彼御自身が一枚の血だらけのガーゼのようになって墓の中に横たわり給うたイエス以外にはないということを強く感じました。「その打たれた傷によって、われわれは癒されたのだ。」(五三・五)

高見順氏は八月に亡くなって、それから二週間ほどたってシュヴァイツァー博士が亡くなったという報道を私は聞きましたが、その数日前博士がもう危篤の状態だということを伝える日本の新聞の記事の中で、博士の側近の人が語った言葉として、「博士は落ち着きと威厳をもって死を迎えつつある」という言葉を読んで深い感動を覚えました。死は高見氏にとってだけでなく、私どもすべての者にとってあの高見氏の詩に歌われた通りのものだと思います。しかし、もし私たちがあのホルバインの画に描かれたような主イエスの姿から離れないならば、それをいつも眼の前に置き、それを見つめ、それに固着するならば、シュヴァイツァーのように死を迎えることができる。そのことを聖書は約束してくれている。そのような信仰が私どもから失われないように祈りたいと思います。

【一九六五年一〇月一三日　東京神学大学礼拝奨励】

神学校における人間形成

ガラテヤ書四・一九　Ｉペテロ書二・一―三

わが幼兒よ、汝らの衷《うち》にキリストの形成るまでは、我ふたたび産《うみ》の苦痛《くるしみ》をなす。

（ガラテヤ書四・一九）

されば凡ての惡意、すべての詭計《たばかり》・僞善・嫉妬および凡ての謗《そしり》を棄てて、いま生れし嬰《みど》兒《りご》のごとく靈の眞の乳を慕へ、之により育ちて救に至らん爲なり。なんぢら既に主の仁慈《なさけ》あることを味ひ知りたらんには、然《しか》すべきなり。

（Ⅰペテロ書二・一―三）

1

今度の修養会の主題は、「神学校における人間形成」というのだと聞いていますが、どうしてそのような主題が選ばれるようになったのか、その経緯について私は聞いていませんので、この主題のもとに修養会をされようとする問題意識に即したことを申し上げることは出来ないと思いますが、人間形成に関して私どもが聖書の御言葉から聞くことができると思われることについて、多少のことを申し上げてみたいと思います。

先ず人間形成という場合のこの「形成」という言葉ですが、教育学などで人間形成と言われる場合、この形成という日本語はおそらくドイツ語のビルドゥングという言葉の訳語だろうと思います。ところがこのビルドゥングという言葉を聞きますと、私など昔学生の頃、ドイツ文学というものを専攻したものですから、ビルドゥングスロマンというドイツ文学における一つの小説の型のことを思い浮かべます。このビルドゥングスロマンというのは、「教養小説」などとも訳されていますが、むしろ「人間形成」とでも訳すべきもので、その一番の典型はゲーテの有名な『ヴィルヘルム・マイスター』という小説です。近代になってもその流れを汲む小説としては、トーマス・マンの『魔の山』だとか、ドイツ文学ではありませんが、ロマン・ロランの『ジャン・クリストフ』などがこの型の小説として数えられているわけです。勿論一つ一つの小説によって違いますけれども、この型の小説に共通していることは、一人の主人公がその内的な必然性に促されて、自分を取り囲む様々な外的な状況と戦いながら、次第に自分の道を切り拓いて、自己を突破してゆく――そのような過程を描いた小説だということです。そういうビルドゥングスロマンが典型的に示しているように、ビルドゥング、形成という概念は、自己実現ということを本質とする人間の文化的な生に関する概念だということができます。そしてビルドゥングという言葉が「教育」とも訳されるように、教育というものは、いつでも人間がこの自己を実現し、自己を形成してゆく過程に他ならない。そこには何の疑いもないわけです。「期待される人間像」というものが発表されていろいろと論議されていますが、あそこに示されている人間像なるものが、果たして期待される人間像であるかどうかということは今別問題として、すべての時代における教育というものが、いつでも何らかの人間像を設定して、それを目指して人間を形成してゆく過程、道を切り拓き実現してゆく過程だということは議論の余地のないことです。

社会のすべての分野には、それぞれの期待される人間像というものがあって、それに向かって人間の可能性を引き出し、素質を伸ばし、知識を与え、営々として前進してゆくことが、教育の目的だと言うことができます。例えば医学校であれば、教育者の眼前にはいつも期待される医者の像があって、それに向かって一人一人の学生に必要な知識を与え、技術を身につけさせてゆく、そういう営々とした積み重ねが医学校における教育ですので、そこには何の疑いも何の惑いもないわけです。

しかし問題が「神学校における人間形成」ということになると――あるいはもう少し広くキリスト者としての人間形成ということになると、問題はそれほど自明ではなく、それほど簡単ではないと思うのです。

2

今読んでいただいたガラテヤ書四章一九節に、私たちは「ああ、私の幼な子たちよ、あなたがたの内にキリストの形ができるまでは、私はまたもやあなたがたのために産みの苦しみをする」という御言葉を読みます。そこに「形ができる」という言葉を読みます。まさに「形成」という言葉を読むわけです。しかしここに語られている形成という事実は、これまで申して来たような形成とは何と違っていることでしょうか。ビルドゥングスロマンにおけるビルドゥング、私どもの文化的生におけるビルドゥングとは何と違っていることでしょうか。パウロはここで「産みの苦しみをする」と言っていますが、しかしその労苦は、一人の教育者がその対象である教育される者を期待される人間像へと仕立てていこうとする場合の労苦とは何と違っていることでしょうか。

ルターが有名な『ガラテヤ書講解』の中で、この部分についてこのように言っています。「彼らがキリストの形を得るまでは、パウロは母のように、彼らを胎児のように胎内に懐くのである。伝道者がキリスト者を産むためには、産みの苦痛をなすかもしれない。しかし伝道者はキリスト者を形成することはできないが、とにかく母としてはもはや胎児を形造らない、ただ胎児が形造られて生まれるために、これを孕んでいるにすぎない。」ルターの語っていることはきわめて正確だと思います。つまり彼はこう言っているわけです。ガラテヤ書のこの箇所でパウロは彼の期待するキリスト者像を目の前に据えて、それを目指して素材であるガラテヤ人たちをちょうど粘土をこねて像を作るように形成するのではない。そのようなことはパウロには出来ない。ちょうど母親が自分の手で自分の胎内に胎児を形成することができないのと同じように、そのようなことはできない。ただ彼にできることは、ちょうど母親が自分の胎内に胎児が形作られてゆくのを不安と期待とをもって孕んでいるだけであるように、ガラテヤ人の中にキリストの形が成るのを同じ不安と期待をもって待っているということに過ぎない。そのようにパウロはここで語っているのだとルターは言っているわけです。その通りだと思います。そしてそのような形成こそが、パウロが知っていた形成であり、聖書が語る唯一の形成だということを私どもは先ず知らなければならないでしょう。

それは私どもの文化的な生の形成とは何と違っていることでしょうか。否、それは単に違っているというだけではなくて、私どもの文化的な生の形成に対して、この聖書が語る形成はいつも鋭い厳しい問いを投げかけるということを忘れてはならないでしょう。そればかりか、私どもの文化的な生の形成が自己充足的な歩みをする場合には、それに対して鋭い「否」という文字を投げかけるということを忘れてはならないでしょう。

しかしそれにしてもパウロがここで「キリストの形」と言っているのはどういうことなのか、「あなた方の内にキリストの形ができる」と言っているのはどういうことなのか。それがガラテヤ人一人一人が小さなキリストになるということなのか。おそらくそういうことではないでしょう。パウロはこの一九節の後半で、「私はまたもやあなた方のために産みの苦しみをする」と言っていますが、この「またもや」という言葉が示しているように、パウロは今初めてガラテヤ人の中にキリストの形が成るのを待っているのではないのです。ガラテヤの人々はかつて既に一度キリストの形を宿していたことがあった。しかるに彼らはその形を失ってしまった。そのためにパウロは、「またもや」産みの苦しみをしなければならないというのです。

このガラテヤ書という手紙全体が、そのようなガラテヤの人々の信仰者としての正しい在り方からの脱落に対するパウロの驚きと怒りと嘆きとに充ちていることは申すまでもありません。彼は一章六節で「あなたがたがこんなにも早く、あなたがたをキリストの恵みの内へお招きになったかたから離れて、違った福音に落ちていくことが、私には不思議でならない」と申しました。三章一節では「ああ、物わかりの悪いガラテヤ人よ。十字架につけられたイエス・キリストが、あなたがたの目の前に描き出されたのに、いったい、だれがあなたがたを惑わしたのか」と申しました。そしてそのようなパウロの驚き怒り嘆きが何に関しての驚き怒り嘆きであったかと言えば、ガラテヤの人々が、人が義とされるのは律法による行いによってではなくて、ただイエス・キリストを信ずる信仰によってだけだという認識から落ちてしまったという事実に関しての驚きであり怒りであり嘆きです。二章二〇節に言っているように「私がいま肉にあって生きているのは、私を愛し、私のために御自身をささげられた神の御手《みて》を信じる信仰によって、生きているのである。」諸君もまたそのように生きていた。しかるに「ある種の人々があなたがたをかき乱し」（一章七節）、諸君はそのような在り方から離れてしまった。そのような信仰から離れてしまった。そのために諸君の中からキリストの形が消えてしまった。今や「またもや」私は諸君の中にキリストの形ができるまで産みの苦しみをしなければならないというのです。もしそうであるとすれば、ガラテヤ人から今や失われた「キリストの形」、そしてパウロがガラテヤ人の中に今一度形成されることを待ち望んでいる「キリストの形」とは、端的に言って「イエス・キリストを信じる信仰」だと言うことが出来ます。

キリストの形とはイエス・キリストを信ずる信仰だということ――しかしなぜキリストの形とは信仰なのでしょうか。バルトが『教会教義学』Ⅳの1の中でこういうことを言っています。信仰というものはカルヴァンが言っているように、全く受動的なものであり、空虚な器であり、空のまま神の前に差し出された手であり空洞であるけれども、まさにそのようなものとして信仰はイエス・キリスト御自身に似ている。ピリピ書二章七節が証ししているように「己を虚しくし」給うたイエス・キリスト御自身に似ている。弱々しくかすかではあるけれども、それはイエス・キリスト御自身の木魂《こだま》であり映像である。そのようにバルトが言っているところがありますが、そのようなバルトの言葉の裏書きをこのガラテヤ書四章一九節に見ることが出来るように思います。信仰というもの、それだけが己れを虚しくし給うたイエス・キリストの形であると言うことができます。

いずれにしてもそのようなキリストの形としての信仰がガラテヤ人の中に成ること、それがパウロの知っている形成であり、聖書の知っている形成です。信仰という信仰者にとって言わば原点のようなところへの立ち帰り、第一歩への立ち帰り、言わば水の源へ帰ってそれを汲むこと——それがパウロが知っている形成であり、聖書が知っている形成です。もしそうであれば、それは私どもが知っている文化的生における形成とは何と違っていることでしょうか。期待される人間像というようなものに向かって、営々として自己実現してゆく私どもの形成とは何と違っていることでしょうか。

3

先ほどこのガラテヤ書のテキストの他にⅠペテロ書二章一—三節のテキストをも読んでいただきましたが、この二節でこのⅠペテロ書の著者は「今生まれたばかりの乳飲み子のように、混じりけのない霊の乳を慕い求めなさい。それによっておい育ち、救いに入るようになるためである」と申します。

しかし彼がこのように申しますのは、決して信仰上のいわゆる初心者に向かって言っているのではない。何故なら、彼は次の三節で「あなたがたは、主が恵み深い方であることを（既に）味わいました」と言っているからです。すなわち彼は「主の恵み深い方であることを（既に）味わい知った者」に向かって「今生まれたばかりの乳飲み子のように、混じりけのない霊の乳を慕いなさい」と言うのです。

しかしこの著者は、あなたたちは既に主の恵み深いことを味わい知った者であるけれども、なおも今生まれた嬰児のようにふるまえと言うのではない。そうではなくて、あなたたちがもう既に主の恵み深い方であることを味わい知った者であればこそ、いよいよ今生まれた乳飲み子のように振舞えと言うのです。私どもが福音の真理を所有していればこそ、いよいよそれを熱心に追及しなければならないと言うのです。

それが私どもの一般の常識と逆であることは言うまでもありません。私どもの常識によれば、私どもが既に所有しているということは、もう追及しないということです。既に知っているということは、もう問わないということです。経験を積んでゆくということは、私どもの甲羅が次第に厚くなって、苔のようなものが生えて、次第に無感覚になってゆくということです。

しかるに福音の真理の場合には事情が逆です。私どもは所有していればこそ、いよいよ求めなければならない。我々は知っていればこそ、いよいよ問わなければならない。私どもがクリスチャンであるということは、一度クリスチャンになったから、もういつまでもクリスチャンであるというのではなく、私どもはいつも新しくクリスチャンになるのです。私どもはいつも新しくスタートラインに立たなければならないのです。

そういう意味で聖書の中の人々は、私どもの信仰の模範です。彼らは例えばあの牢屋の中で「来るべき者は汝なるか、或いは他に待つべきか」（マタイ福音書一一・三）と訊ねた洗礼者ヨハネにしましても、三度主を否んだペテロにしましても、「主の傷跡に指を差し入れた」（ヨハネ福音書二〇・二五）トマスにしましても、皆躓いたり、否んだり、疑ったりしています。しかし彼らの信仰は私どもの信仰と比べて、どのように活き活きとしているることでしょうか。私どもは洗礼者ヨハネがイエスについて「汝らの中に汝らの知らぬ者立てり」（ヨハネ福音書一・二六）と言っているように、イエスがいつも私どもにとって知らぬ方であることを忘れぬようにしたいと思います。私どもはいつも今生まれしみどり子のごとく霊の真の乳を慕う者でありたいと思います。私どもが主の恵み深い方であることを知った者であればこそ、いよいよそのようでありたいと思います。

最近翻訳されたティリッヒの説教集の中でこういうことを言っている一節に出会いました。ティリッヒが申しますには、我々は使徒信条を口で唱えるけれども、我々はもうこの使徒信条の中に含まれている無限の緊張に対して無感覚になっているのではないだろうか。そこでイエス・キリストについて告白して「処女マリアより生まれ、ポンティオ・ピラトの下に苦しみを受け」と唱え始める時に、我々はもうその終わりが何であるかということを頭の中で予想している。すなわち、この告白が甦りに対する告白に終わるということを充分に知っている。すなわち、我々にとってイエスの甦りということは映画のハッピーエンド以上のものではなくなっている――そのように書いているのに出会いました。実際、福音がその中に蔵しているところの驚くべき緊張に対して、私どもが無感覚になってしまうという危険――聖書に記されていることが私どもにとって何かもう筋書き通りの、分かり切った自明のものになってしまうという危険――私どもの信仰がもう何の驚きも喜びもないものになってしまうという危険に――私どもはいつもさらされている。ことにこういう神学校のような雰囲気の中にいると、特別に私どもはそういう危険にさらされているのではないでしょうか。いつの間にか私どもが小さな専門家、小さな職業人になってしまうという危険に、私どもは特別にさらされているのではないでしょうか。

4

誤解のないように付け加えて申しますが、以上のように繰り返し原点に立ち帰ること、第一歩に立ち帰ること、水源から水を汲むこと、それが聖書の語る形成であるにしても、それだからと言って、私どもの側からする一切の形成が無意味なのではないと思います。どうしてそういうことがあるでしょうか。詩篇九〇篇一七節に、「我らの神、主の恵みを、我らの上にくだし、我らの手のわざを、我らの上に栄えさせてください。我らの手のわざを栄えさせてください」と歌われていますが、私どももまたそのように祈ることが許されているでしょう。「我らの手のわざを栄えさせてください」と祈ることが許されているでしょう。聖書が知っている形成はキリストの形が私どもの内に成ること以外にはないということを知った上で――したがって私どもの側から企てられる一切の形成の努力は、厳しい問いのもとに立たざるを得ないのだということを知った上で――私どものすべての形成の努力は所詮罪人の業だということを知った上で、その限界の中に止まりつつなされる謙遜な自己形成の努力があり得るし、またなければならないでしょう。たえず水の源に立ち帰りそこで新しく水を汲みつつ行われる自己形成の努力があり得るし、またなければならないでしょう。「神学校における人間形成」ということが、もしそのような形成の努力であれば、それは空しいことでも、無意味なことでもないということを私どもは信ずることができます。

【一九六六年一一月一六日　東京神学大学全学修養会】

受洗者・入会者・卒業生への言葉

竹内靖幸牧師から受洗者への祝辞、入会者への歓迎の言葉、卒業生へのはなむけの言葉を申し上げるようにということを仰せつかったのですが、そういういろいろなことをひとまとめにして申すことは難しいことですし、されぼと言ってそれぞれの方々に別の言葉を申し上げていっては時間を取りますので、いろいろ考えました挙句、私自身が感銘を受けましたルターの言葉をお祝いに、あるいは歓迎の徴に差し上げるということでお許しいただきたいと思います。

先ず今日受洗なさった方々へのお祝いの言葉ですが、差し上げたいルターの言葉というのは、実は言葉というよりもルターについてのエピソードと言うべきものですが、これを私は私の訳しましたバルトの『教義学要綱』という本の中で読んで感銘を受けましたので、これを御紹介したいと思います。あの『教義学要綱』をお読みになった方は記憶していらっしゃるでしょうし、また私は他の集まりで申し上げた記憶もあるのですが、それはこういうことです。ルターがある時非常な信仰の試練を経験しました時に、彼は机の上に白墨で大きな字で「私は洗礼を受けている」と書いて、その言葉にしがみつくようにしてこの試練を乗り越えたということです。このエピソードになぜ私が強い感動を覚えたのか、またこのルターのエピソードをなぜ受洗者の方にお送りしたいと思うのかというその説明を申し上げることは蛇足になるかと思いますが、一言だけ説明いたしますと、このエピソードが語っていますことは、私どもが信仰を与えられ洗礼を受けてキリスト者になるということは、よく考えられがちなように単に私どもの側の事柄ではないということです。私どもの心持の変化、私どもの側からの神さまに対する関係の変化というようなことではないということです。勿論そういうことでもありますが、しかし単にそういうことではないということです。もし単にそういうことに過ぎなければ、私どもがキリスト者になる、キリスト者であるということは、これほど不確かな頼りないことはないと思います。私どもの信仰心などというものは絶えず動揺しています。波のような浮き沈みがあります。洗礼をお受けになった方にしても、今は心が燃えておられると思いますけれども、そういうお気持ちがいつまでも続くかということを期待することはできません。聖書を開いても何の感動もなく、祈りも口から出て来ないというような時が来ないとはだれも保証できないことです。

しかし今御紹介しましたこのルターのエピソードが語っていることは、私どもが信仰を与えられ、洗礼を受けてキリスト者になったということは、単にそのような私どもの側の変化ではないのだということではないでしょうか。私どもが洗礼を受けたということは、ルターが「私は洗礼を受けている」という言葉を書いて、それにしがみついたように、私どもがしがみつくことができるような客観的に確かな事実がそこにあるということです。そういうものが、確かな事実としてそこにあるということです。この事実は、私どもの側での信仰の動揺を越えて確かな事実としてそこにある。この事実にルターはしがみついたわけです。この事実にしがみつくということ、この事実に立ち返るということ、そのことが私どもの信仰ということであり、それ以外に私どもの信仰というものはないのだということを知っていただきたいと思います。

内村鑑三先生が書かれたもので読んだのですが、内村先生が若い頃、ある外国人の教師からこういう忠告を受けたと言います。「君は始終自分の信仰が強いとか弱いとかいうことを気にしているが、そういう態度は、ちょうど挿し木をしておいてその挿し木に根がついたかどうかを気にして始終抜いて見ているようなもので、そういうことをしていては本当に根付くことはないだろう」と言われて、内村先生は大いに覚《さと》るところがあったというのですが、これも同じことだと思います。今日洗礼をお受けになった方々も、必ず御自分の信仰の衰えを経験なさる時があると思うのですが、どうかそういう時にそのことに絶望なさらないように、そのことをあまり神経質にお考えにならないように、そういうことよりももっと大切な、もっと確かな事実、洗礼において示された神の確かな御心によりすがっていただきたいと思うのです。

それから学校を卒業された方々へのお祝いの言葉、入会なさった方々への歓迎の言葉として、やはりルターの言葉を差し上げたいと思います。実はこれはついこの間、東神大の卒業生送別の集まりの時に聞いた言葉で、この言葉に私は涙が出るほど感動して、その後機会あるごとにこの言葉をお教えして、今日このテーブル・スピーチをお引き受けしたのも、この言葉を御紹介する機会になると思ったからなのですが、こういう言葉です。「この世界が明日破滅するということを聞かされても、私は今日私のリンゴの苗木を植えるだろう。」これは実にすばらしい言葉だと思うのですが、しかしこのルターの言葉がどんなにすばらしいとしても、ルターをしてこのすばらしい言葉を語らしめたものの方が、さらに一層すばらしいと言わなければならないと思います。それは何かと言えば、私どもが今日ご一緒に礼拝において讃美した主の甦りという事実です。この主の甦りという事実の故に、ルターはこのようなすばらしい言葉を語り得たのです。

私はあのIコリント書一五章を思い出すのですが、あの長い章全体を通じて主の甦りと私ども自身の甦りということを語って来たパウロが、あの章の一番最後で、「然《さ》れば我が愛する兄弟よ、確《かた》くして揺《うご》くことなく、常に励みて主の事《わざ》を務《つと》めよ、汝等その勞《ろう》の、主にありて空《むな》しからぬを知ればなり」（一五・五八）と言っています。あの聖句は私自身にとって最も大切な聖句の一つなのですが、ルターが語っていることはあのパウロの言葉と全く同じことだと思うのです。

このルターの言葉をこの春、学校を卒業されて社会に出てゆかれる方々にお送りする理由は、もう申し上げるまでもないと思います。私は人生というのは、空しさとの戦いだと思うのですが、私どもを苦しめる空しさというのは一つには今日の社会の性格ということもありましょうけれども、しかしもっと根本的にやはり私たちの生活の行く手には終わりがあって、私どもの生涯は限界づけられた生涯だということから来ると思うのです。ですからルターが「世界が明日滅亡すると聞かされても」と言ったのは何も特別な場合のことを言ったのではなくて、私どもは皆そういう状況に生きているわけです。そういう中でもし私どもが主の甦りを信じないなら、あのIコリント書一五章が言っているように「我らいざ飲食せん、明日死ぬべければなり」（一五・三二）と言うより他ないのですが、もし主の甦りがあるならば、私どもはルターのように明日世界が滅亡するというただならぬ雲行きの下で、「私のリンゴの苗木を植える」ことができる。今日一日の業に励むことができると思うのです。

このルターの言葉を、転入会なさった方々にも差し上げようと思うのですが、そしてその理由も申し上げるつもりでおりましたが、あまり時間を取りそうなので、それは省略させていただきます。ともかくこのルターの言葉が語っているような勝利の民としての生き方が、あるいは終末的な生き方が、転入会された方々をも含めて私どもの教会全体の歩みになることを私は心から願っているものです。

【一九六七年三月二六日　信濃町教会イースター祝会でのスピーチ】

人生読本　虚無・死・ユーモア

1　虚　無

いつの間にか私も老年と言われるような年になってしまいましたが、こういう年になると誰しもそうだと思いますが、自分の一生の歩みというようなものを振り返って、自分の生涯とはいったい何だったのだろう、自分は一生の間何を追及して生きて来たのだろうというようなことをしきりに考えます。

私は外面的には大した波乱のない生活を送ってきた人間ですが、しかし内面的にはかなり波乱の多い生涯を送ってきたように思います。それは一つには私が青年期を過ごした昭和初年という特別な時代のせいかも知れませんし、また私自身の性格ということもあるかも知れません。しかしそういう波乱の多い自分の生涯を振り返って、どの時期を取ってみても、結局自分にとって一番の問題は生きがいの問題であったと言うことができるように思います。

今日の青年諸君にとって、そういう生きがいの問題というようなものがどういう意味をもっているのか私は知りません。あるいは今日の青年諸君にとっては、もう生きがいの問題などということは問題にもならないのかとも思います。しかし私は人間が生きがいなしに生きることができるなどとはとても考えられないのです。

フランクルという心理学者の書いた『夜と霧』という本をお読みになった方は多いかと思いますが、あれはご承知のようにアウシュヴィッツという有名な強制収容所でのフランクル自身の体験や観察を書いた本ですが、あの中に一人のユダヤ人の作曲家の話が出て来ます。この作曲家は強制収容所の地獄のような世界に生活している時に、ある晩、自分は五月三〇日という日にこの収容所から釈放されて懐かしい自分の家庭に帰ることができるという夢を見ます。それから彼はこの五月三〇日という日を自分にとっての唯一の生きがいとして生活するわけですが、しかしこの五月三〇日が近づいても何ごとも起こらない。そしてこの五月三〇日の前の日の二九日になると、彼は突然高熱を発して倒れてしまいます。そして問題の五月三〇日が過ぎた五月三一日の朝に彼は死んでしまいます。――なぜ彼がこの五月三一日という日に死んだかと言えば、それは言うまでもなく五月三〇日には釈放されるかもしれないということが、彼にとって唯一の生きがいとしてこの地獄のような生活の中でこの作曲家を支えて来た。ところがそれが結局は夢に過ぎないということが分かった時に、この人は肉体的にももう生き続けることができなかったということだと思います。ですからもし自分は生きがいなしに生きてゆくことができるとお考えになる方があれば、そういう人は試みに自分をアウシュヴィッツの強制収容所のようなところに置いてみて、そこでもなおそういうように言うことができるかどうかを考えてみなければならないと思うのです。

ところでしかし現代のおそらく最大の問題は、私たちにとってそれほど大切な生きがいというものが見失われてしまっている、見出し難いということにあると思うのです。そういう事実を今ここで私が申し上げるまでもない。今日の社会のいろいろな出来事の中にも、思想や文学や哲学のいろいろな傾向の中にも、そういう生きがいのなさの兆候を容易に指摘できると思うのです。しかもなお今日無数の人々があのユダヤ人作曲家のように死なないのは、そしてむしろ結構楽しそうに生きているのは、結局はパスカルが言っているような意味でいろいろな気晴らしで生きがいのなさというものを忘れて生きているのだと思うのです。自分では勿論自覚してはいないわけですが、私たちはあらゆるものを動員して生きがいのなさを忘れて生活しているのだと思います。人間のしているあらゆる営みが、生きがいのなさを忘れるための努力だとも言うことができます。

しかしそういう気晴らしというようなことでは勿論生きがいのなさという問題は解決されるわけがない。それは例えば私たちの前に本がある場合に、それに対して私たちが眼を閉じれば確かにその本は見えなくなるけれども、それは本がなくなったということではなくて、その本は依然として私たちの前にあるのと同じだと思います。生きがいのなさを私たちが忘れても、生きがいのなさという事実は少しも解決しないのです。

それでは私たちはどうすればいいのかということですが、私はつい先ごろ聞いたあのマルティン・ルターの言葉を思い出します。それは「たとえ明日地球が滅びるということを聞いても、私は私のリンゴの苗木を植えるだろう」という言葉です。明日滅びるこの地球の一角に、リンゴの苗木を植えるということ——これほど空しいことはない、これほど無意味なことはない、これほど生きがいのないことはない。しかもルターが「私は私のリンゴの苗木を植えるだろう」と言う場合には、彼は決してそういう空しさ、無意味さを忘れて、それに眼をつぶってそう言っているのではないことは言うまでもありません。むしろ彼はそういう事実を見据えながら、そういう事実を徹底的に自覚しながら、そういう事実をくぐり抜けたところに立って、こういう言葉を言っているのだと思います。

ルターをしてそのような雄々しい言葉を語らせたのは、ルターが信じているイエス・キリストです。イエス・キリストの救いの御業《みわざ》です。イエス・キリストが私どものために、また私どもに代わって罪と戦い死と戦い、人生の無意味さ人生の生きがいのなさとも戦い、それらのものに打ち勝ってくださったということに対する確信です。

Ⅰコリント書一五章五五節以下にこのように言われています。イエス・キリストにおいて死は勝利に飲まれ、罪は征服され、人々の生きがいのなさも克服されたと信ずることができて初めて、私どもの労苦が無駄になることはないと知ることができるのです。私どもは明日滅びるこの地球の上でも、ルターのように静かに自分のリンゴの苗木を植えることができるのです。確かな生きがいのない今日の世界の中でも、自分に与えられた毎日の業にいそしむことができるのです。

2　死

私は昭和二年に大学に入って五年に出た人間で、したがって私の青春時代は昭和初年であったわけですが、昭和初年というあの時代がどういう時代であったかということは今さら申し上げるまでもありません。一方ではそれは日本の当時の政府や軍部によって中国に対する軍事的侵略が準備されまた実行されていった時代でしたし、また他方ではマルクス主義が日本の思想界を席巻していた時代です。私もまた当時の一人の青年としてマルクス主義の強い影響を受け、自分の将来は自分をマルクス主義者として鍛えてゆくこと以外にないと考えていました。

しかしそういう中で私の心にいつも引っかかっていた問題は、一つは芸術の問題であり、もう一つは死の問題でした。マルクス主義が真理であることを認めながらも、当時の私にとっては大切な問題であった芸術の問題がひどく粗雑な手つきで取り扱われていることに強い不満を抱いていましたが、しかしそのことは今問題にしようとは思いません。もう一つは死の問題でした。自分が死んでいなくなった世界がいつまでもいつまでも続くというようなことを考えると、私は子どもの頃から恐ろしさに怯えて眠れないというような人間でしたが、そういう死の問題がマルクス主義によってどのように考えられているのかということは絶えず気がかりでした。

当時ある有名なマルクス主義者の書いた『生と死について』という書物が出て、私は早速読んでみましたが、その本の結論というのは結局は「個人の死は社会の新生において常に新しく個人の生となる」ということでした。つまり個人は絶えず死んでゆくが、しかしその個人を含んで社会は絶えず新しくなってゆく、そのことによって個人もまた新しく生きるということでした。しかしもしそういうものがマルクス主義者の死生観であれば、それは私の問題に対しては何の答えでもないと思わざるを得ませんでした。私が小さい頃から苦しんで来た死の問題というものは、そういうものではありませんでした。つまり社会の新生というようなことで置きかえられて解決されるような問題ではありませんでした。パスカルが「人はただ独りで死んでゆくだろう」と言っているような、他の何ものによっても置きかえることのできない私一人の死ということが問題でした。そういう死としてこそ、死は私にとって本当に恐ろしい厳粛なものでした。

私は小さい時から何度かそういう体験をしたのですが、一人の人が死んでゆく時、その人を愛している人がどのようにその人を愛し、どのようにその死を悲しみ、できるならばその人の代わりに死にたいと思っても、決してその人の代わりに死ぬことはできない。死については決してそのようなことはできない。その人はたった一人で死ななければならない。私もまた一人で死ななければならない。そのことが本当に死というものの恐ろしさであり厳粛さでした。

そういう恐ろしい厳粛な死の問題に対してマルクス主義は何の答えももっていないということが、私には大きな失望でした。その当時小林秀雄氏が何かの文章の中で「左翼の人たちは弾圧だ弾圧だと言って騒いでいるけれども、死という大弾圧があるのを忘れている」と書いているのを読んで何か衝撃のようなものを受けたのを覚えています。そして本当にそうだと思わざるを得ませんでした。

しかしそういうことでマルクス主義に失望するというのは、言わば無い物ねだりをしていたのでしょう。死の問題に答えをもっていないのは何もマルクス主義に限ったことではないのでしょう。人間の智恵や思想の中に死の問題に対する答えはどこにもないのでしょう。人間の智恵が考え出すことのできることは、精々もうそういう問題は考えないようにすることなのでしょう。やはりパスカルが言っていることですが、「人間は死と悲惨と無知を匿すことができなかったので、自分を幸福にしようとして、それを全く考えないように工夫した。」実際にそれが人間にできる最上のことだと言わなければなりません。

「メメント・モリ」という言葉があります。「死を忘れるな」という言葉ですが、私たちが死を忘れるなどということはあるべからざることですが、実際には死を忘れて生活している。自分の行く手には死がないかのように生活している。何故そのように死を忘れて生活しているかと言えば、死を忘れないでは生活できないからです。いつも死を自分の前に据えて生活することはできないからです。ラ・ロシュフコーが言ったように死は太陽に似ているのです。私たちはそれを長く見つめていることはできないのです。

しかし私は昨日、虚無の問題について申し上げたことと同じことを死の問題についても言わなければならないのですが、そのように死を忘れる、死から眼を逸らすということでは、死の問題は解決されないのです。虚無の場合にそうであったのと同じように、死の問題もその恐ろしさ厳粛さを見据えて、それを徹底的に自覚するということ以外に解決の方法はないと言わなければなりません。そのように考える場合に初めて宗教の問題が浮かび上がって来ます。私自身の場合で言えば、イエス・キリストという方の姿が浮かび上がって来ます。

イエスの生涯について記した福音書に、イエスの十字架について書いた部分のあることは申すまでもありません。そのところで、イエスを十字架につけた兵士たちがイエスに苦みを混ぜたブドウ酒を飲ませようとしたと書いてあります。苦みを混ぜたブドウ酒というのは、当時の一種の麻酔剤で、死刑囚の断末魔の苦しみを少しは軽くするために飲ませたと言われますが、しかしそのブドウ酒をイエスは拒んで飲まれなかったと書いてあります。すなわちイエスは死というもののもっている恐ろしさ厳粛さを最後の一しずくに至るまで味わい尽くそうとされたわけです。つまりイエスは死を忘れるという方向とは逆の方向で死の問題を解決されようとされるわけです。そして聖書はそういうイエスによって死は勝利に飲まれたと記しています。

皆さんの中にはキリスト者の方も多少あるかと思いますが、大部分の方はキリスト者ではないと思います。ですからそういうイエスの死による死の問題の克服ということが解決だとお考えになれない方が大部分だと思います。ただ一つ私が申し上げておきたいことは、私たちにとって最大の問題である死の問題があるとすれば、それは虚無の場合と同様に、それを忘れるという方向ではなく、イエスがそうされたようにそれを味わい尽くすという方向にしかないということです。

3　ユーモア

一昨日は虚無というようなことについて、また昨日は死についてお話ししましたが、今日は少し趣を変えてユーモアということについて申し上げてみたいと思います。

ユーモアということを考えます場合に、私はもうだいぶ前に私のつとめております学校で、作家の椎名麟三さんをお招きして講演をお願いしたことがありますが、その時の椎名さんの話しを思い出します。その時椎名さんは「ユーモア」という題でお話しになったのか、あるいは他の題でお話しになったのか、それさえ私は今では覚えていないのですが、ともかくその話しの中でユーモアということに触れられて、ユーモアというのはおそらくこういうものだろうとおっしゃって、一つのたとえ話しをされました。

そのたとえ話しというのは、今ここに四つか五つになる小さな子どもがいて部屋で積み木遊びをしている。積み木を順に積んで山を作って、その一番上に大きな積み木をのせようとする。ところがそれを見ていたその子の父親が、お前がそれをのせるとその積み木の山は崩れるよと言う。しかし子どもはかまわずその積み木をのせる。すると案の定その山が崩れる。そして子どもは泣き出す。それを見ている父親の顔に微笑が浮かぶ。それがユーモアというものだと椎名さんはおっしゃいました。

椎名さんという方の書かれたものは、小説でもエッセイでも時には非常に難解でよく分からないこともあるのですが、しかし私にはその話しは非常によく分かるように思いました。椎名さんはその時、そのたとえ話しの解説のようなことはなさらなかったと思いますが、これを私なりに解釈すると、こういうことになるのではないかと思います。すなわち、もし私たちがこの積み木の山が崩れるという出来事を単に子どもの立場でだけ見ていれば――単に子どもの眼でだけ見ていれば、この出来事は一つの悲しい出来事であって、ユーモアはそこにはないわけです。しかしまた、もし私たちがこの出来事を全く一人の傍観者として、第三者として、第三者という立場からだけ見ていれば、これは単に滑稽な笑うべき出来事であって、そこにユーモアはないわけです。しかし父親はこの出来事を単に傍観者、第三者として見ているのではないでしょう。彼はこの子どもを愛している者として、共にこの積み木遊びに参加している。つまり彼はこの子どもの眼でも、この出来事を見ているわけです。しかし同時に彼はその積み木をのせれば積み木の山が崩れるということを知っている大人としてもこの出来事を見ている。つまり彼は言わば二重の眼でこの出来事を見ているわけです。その場合に初めてユーモアが生まれるのだと椎名さんは言っているように私は思いました。

作家の志賀直哉さんが御自分の創作態度を語った言葉に、「対象に強く即すると同時に、それから強く離れる」ということを言っておられるのを読んだ記憶がありますが、そういうことで言い直すことができるかも知れません。

私どもが現実の生活の中で生きる場合に――それが個人の生活であっても集団の生活であっても、あるいは国際間の問題であっても、私たちがその現実に即して生きている限りは、そこに生ずる様々の矛盾や葛藤や戦いによって私たちは苦しむばかりです。そこには悲劇以外のものはないと言わなければなりません。そういう苦しみに耐えかねて、私たちが現実から身を引き離し、遠いところから人間の現実を単なる傍観者として第三者として眺めることができるならば、人間の現実は喜劇に変じるかも知れません。その場合には私どもの顔に笑いが浮かぶかも分かりませんが、それは現実に対する冷笑、あるいは嘲笑であってユーモアではありません。それにまた私たちはそういうふうに自分を現実に対して全く傍観者の位置に置くというようなことはできもしないし、またできるとしてもそういう生活が正しい人間の生活だとは思いません。

その場合に私はもう一つの生き方というものを思い浮かべます。それは現実に強く即しながら、しかしそれから強く離れた生き方。子どもの遊びに共に参加しながら、しかもそれをもう一つ別の眼で見る生き方です。それを私はユーモアある生き方と言いたいのです。

私は一昨日の話しではマルティン・ルターのことを言い、昨日の話しではイエス・キリストのことを申しました。それは私がキリスト者なので避け難いことなのですが、今日はちょうどクリスマスの季節なので、今日ももう一度聖書の言葉を引用することをお許しいただきたいと思います。

新約聖書の中のIコリント書というパウロの手紙の一節にこういう言葉があります。「兄弟たちよ。私のいうことを聞いてほしい。時は縮まっている。今からは妻のある者はないもののように、泣く者は泣かないもののように、喜ぶ者は喜ばないもののように、買う者は持たないもののように、世と交渉のある者は、それに深入りしないようにすべきである。なぜなら、この世の有様は過ぎ去るからである。」（七・二九―三一）パウロがここで「妻のある者はないもののように」と言う場合に、妻をもつことを禁じているのではなくて、むしろ妻をもつことを肯定しているわけです。しかしパウロがここで特に注意していることは、私たちが妻をもつという現実も過ぎゆく現実だということです。そのことをいつも覚えつつ妻をもつことを勧めているわけです。すなわち妻をもつという現実に即しつつ、同時にそれから離れて生きるということです。

それを私は聖書のユーモアと言ってもいいと思います。聖書はそういうユーモアある生活を勧めているように思います。それはあるいは自由という言葉で言い直してもいいかと思います。確かに苦しい悲劇的な私どもの現実に即して生きつつ、しかもそれから強く離れることを知っている者だけが、本当にユーモアをもって自由に生き得る者だと私は思います。

ドイツにマルティン・ニーメラーという牧師がいますが、彼がヒットラーに対する抵抗運動を指導して強制収容所に入れられた時に、「今私の身に起こっていることは神のユーモアだと思う」と申しました。地獄のような強制収容所の中でそのように言うことのできる者は本当に自由な人間だと思います。

【一九六七年一二月　ＮＨＫラジオ放送「人生読本」三夜連続】

私の理想とする人

シュザンヌ・ド・ヴィスム

私はキリスト教の信者ですから、「私の理想とする人物」ということでお話しするとすれば、やはりキリスト教の信者、キリスト者ということになるのは当然かと思いますが、しかし私がこれからお話ししようとする人物は、キリスト教の信者と申しましても、別段有名な牧師とか神学者というような人ではありません。ごく平凡な名もない家庭の主婦です。この人はシュザンヌ・ド・ヴィスムという名前をもつフランスの婦人ですが、この人のことについては、日本で知る人が少ないというだけでなく、フランスあるいはヨーロッパでもおそらく彼女のことを知っているのは、その周囲にいたごくわずかの人々に過ぎないと思います。勿論著書というようなものがあるわけではありません。彼女が書き残したわずかばかりの手紙と手記のようなものがあるだけです。その手紙が彼女を尊敬する友人たちの手で集められて一冊の小さな本になっています。私が彼女のことを知ったのは、その本を通してであって、それ以外には彼女について何も知らないのですが、しかし「私の理想とする人物」についてお話ししようとして、誰よりも先に彼女のことが浮かんだのは何故かということについては後で申し上げることにして、先ず彼女の生涯について御紹介することにしたいと思います。

このシュザンヌ夫人という人がパリで生まれるのは一八八五年ですが、その家庭は代々続いたプロテスタントの牧師の家庭でした。お父さんのジャン・ド・ヴィスムという人は神学校の校長もしていました。ご存じのようにフランスはカトリック教会の盛んな国で、その信者数も圧倒的に多く、それに対してプロテスタントは少数者で、長い迫害の歴史を経験して来ました。そのためにフランスのプロテスタントは極めて意志が強固で戦闘的で道徳的だという特徴をもっています。シュザンヌ夫人が、そういうフランスのプロテスタントの家庭に生まれるということは、これからお話しする彼女の性格を形作る上に大きな働きをしたと思います。後で申しますが、彼女は重い病気で病床にあった時に、その手紙の一節で「自分がプロテスタントの家庭の出であり、父の子であることを忘れない。どんなに血を吐くような思いをしても、自分の良心は、神様に背くとはっきり分かっていることを自分にさせはしない」と書いています。

このシュザンヌが九歳の時に、母親を亡くします。そして父親のジャン牧師は二度目の妻を迎えますが、この人が娘のシュザンヌを驚くほどの献身的な態度で育てます。しかしこの二度目の母もシュザンヌが二〇歳の時に亡くなって、シュザンヌは大きな打撃を受けることになります。

もっとも、その頃シュザンヌはもう独り立ちの生活をしていて、父親の家の家政をとるかたわら、ヴェルサイユの官立中学の教師として働き、同時に教会では日曜学校の教師として働いて、集まってくる子どもたちの尊敬の的となっていました。

一九〇七年、彼女が二四歳の時に、あるスイス人の牧師と結婚します。そして結婚と同時に、夫の勤務地であるロンドンに移って、その地にあるスイス人のための教会で夫と共に働くことになります。

それから二〇年の間、このロンドンでの多忙な生活が続くわけです。教会に集まるスイス人の世話、ことに婦人や子どもたちの世話――そういうことに彼女は献身的に努力をします。彼女の周りに集まった人々は、彼女のもっている溢れるような魅力、その特別な威厳、そして愛の力に引きつけられたということです。

しかしもしそれだけのことでしたら、私たちはそこに一人の信仰深い立派なクリスチャン婦人の姿を見るでしょうけれども、後に私が「私の理想とする人物」としてお話しする理由を見出せないかもしれません。私が特にこの婦人のことを御紹介したいと思うのは、これまでお話ししたような生涯の終わりに、彼女を襲った病気、そしてその中での彼女の闘いの姿が、私を感動させたからです。

彼女は精神的に健全な人であったというだけでなく、もともと肉体的にもきわめて健康な人であったといいます。出産の時や、稀に風邪をひくくらいで、特別の病気の経験もありませんでした。ところが一九二八年頃（それは彼女が四三歳の頃ですが）、次第に何とも説明できないような疲れを感じ出します。しかし義務感に駆り立てられて、彼女はそういう疲労感を感じながら山のような仕事を続けていました。

しかし翌年の一九二九年の一一月になると、とうとう彼女はある専門医の診断を求めます。そして怖ろしい病がその身体の広い範囲に拡がっていることが発見されました。直ちに手術が決定して入院ということになります。

入院が決まってから、まだ数日彼女は自宅にいたのですが、その間も彼女の家の客間はまだそのことを知らない客で一杯であったといいます。彼女は責任をもっていた日曜学校の運営に支障がないように後始末をし、その上で自分の預かっていた日曜学校の生徒たちに会うために入院の日を一週間延ばしてもらいます。そうして一一月一八日という日に、ロンドンの深い霧の中をバスに乗って入院します。そして数日後の二二日に手術を受けるのですが、その日のことを彼女は手帳にこういうふうに書いています。

「一九二九年一一月二二日。私の手術の日。神様は私にお答え下さった。試練と一緒に解放も来た。」

手術は非常に危険なものであったそうですが、奇跡的に回復してゆきました。彼女の落ち着きと明るさと忍耐強さは、訪問するすべての人々に深い印象を与えたといいます。そういうことに慣れている看護婦でさえ、彼女のことを後々まで驚きをもって語ったといいます。

手術後二週間はイギリスの田舎で過ごし、それから肉体の恢復のために家族から離れて一人でスイスのレマン湖のほとりに移って、そこにある友人の家庭での生活が始まります。この時から、ロンドンにいる夫との間の文通が始まるわけです。

一九三〇年三月一七日という日の手紙にこういうふうに書いています。

「ここの湖と、言いようもないほど美しい山々の上には、まだ陽が輝いています。入り日の色の海の中にすべてのものがひたっています。ローザンヌは比べるものもないような美しさと愛の印象を、わたくしの心に残すことでございましょう。このように申し上げますのは、あなたがそれを読んで下さると思うからでございます。そして、ここで親しいお友だちの方々を与えて頂いたことを、感謝しているからでございます。——けれどもやはり、わたくしは自家《うち》へ帰りとうございます。それが叶いましたら、どんなに感謝することでございましょう。そして、どんなにうれしく、仕事をまた始めることでございましょう。」(一九三〇年三月一七日)

それから数日後の手紙では、こう書いています。

「わたくしは休息と隔離の今のこの時を、もっと心を落ち着け、もっと祈るために用いています。これは本当によいこと、有益なことでございます。『生きる』ことが出来るためには、どのようなことがあっても神様との結びつきを保っていなくてはなりません。先へ先へと進もうとするのは、何にもなりません。それでは人が死んでしまいます。時々立ち止まって神様を見出すために、自分の奥底まで降りてゆく時をもたなくてはなりません。わたくしはこの必要を強く感じています。手術を受けてからこの幾月かの間に、わたくしはずっと多くの心の喜びと心の平和を見出しました。……それにこの数ヶ月、四方からわたくしを取り囲んでいるこの愛が、わたくしには口では申せぬほどに嬉しゅうございます。どうぞわたくしも、もっとよく愛することを学べますように。」（一九三〇年三月二六日）

手術のあとは順調に回復してゆきました。それで医師は四月にはロンドンの家に一時帰ってもいいと許可します。それで彼女は非常に喜んでスイスを出発して、途中フランスに寄り、ヴェルサイユの姉の家に立ち寄ります。ところがそこで堪え難い苦痛を伴った発作が突然起こって、彼女は倒れてしまいます。後になってから「あの三日間の苦痛をもう一度味わうくらいなら六人の子どもを産んだ方がいい」と書いているほどの激しい苦痛であったようです。その発作がどういう種類の発作か分からないままに、ともかくスイスに帰るのがよいということになって、再びスイスに引き返します。その間にパリでは彼女の父親が九〇歳で亡くなったという知らせが届き、周囲の状況は全く暗澹としたものになってゆきます。

その頃こういう手紙を書いています。
「わたくしに何がどうございましても、神様の御手の中におります。そして神様はわたくしどもを愛しておいでございます。神様がわたくしどもに――わたくしにも、この平安をお与え下さることを信じます。神様がわたくしに御意《みこころ》を受け入れる力を、お与え下さることを信じます。今のこの時には、わたくしは涙と共に御意《みこころ》を受け入れます。けれど、どうぞお心やすくおいで下さいませ。神様は、喜びと共に、御意《みこころ》を受け入れる力をも、わたくしにお与え下さることとでございましょう。そして、あなたにもお与え下さることとでございましょう。」（一九三〇年九月一四日）
またこういう手紙も書いています。
「どうぞ勇気を失わずに下さいませ。そして上を見上げるようにいたしましょう。――多分それは涙と共にでございましょうけれど、やはり上を見上げるようにいたしましょう。太陽を見ることは困難でございますけれども、それでもやはり、また太陽は昇ることとでございましょう。わたくしはそれを信じたく存じます。」（一九三〇年九月一九日）
医者は治療のために施すべき手段が分からないので、ただ苦痛を一時和らげるというだけの目的で、きわめて強力なレントゲン線で身体の一部を照射する試みをします。病気はもう体中に蔓延しているので、そういう方法がたいして効果を示すなどということは誰も期待していませんでした。彼女の生命はもうクリスマスまでだろうと言われていました。ところがこのレントゲン線の照射が思いがけない作用をして、彼女は著しく回復して人々を驚かせます。そして医者は、クリスマスにはまたロンドンに帰れるかもしれないと言います。

そのうち、彼女が初めて入院して手術を受けた一一月の月が再びめぐって来ます。その日に彼女は、こういう手紙を書いています。

「今日が一年目（手術の日から）でございます。一年前より今、よくなっているか悪くなっているか、わたくしには分かりません。ただ分かりますことは、神様がこの一年の間にわたくしに、これまでになくお言葉をおかけ下さったということでございます。そして日毎に手をとって、わたくしを愛の内に導いて下さったということでございます。身にたとえ何が起こりましょうとも、わたくしが神様にお願いするただ一つのことは、この丸一年の間わたくしを一度も見捨てませんでしたあの確かさを、自分が失いませんように、ということでございます。わたくしの身に起こったすべてのことは、神様の御手から直接に来ているのだというあの確かさ——試練の中をお導きになった時、神様の御計画は愛の御計画であったのだというあの確かさを、自分が失いませんようにということでございます。」（一九三〇年一一月二二日）

やがて一九三〇年が終わって、新しい一九三一年を迎えたときに、彼女はこう書いています。

「一九三〇年は終わりました。振り返ってみますと、あなたもわたくしも、きっと同じ思いで一杯のことと存じます。そしてわたくしは今、眼を前の方に向けて、わたくしの生命を御手の中に支えて下さる方の手の中に、すべての信頼を謙遜にゆだねます。今年は救いをもたらしてくれる年でございましょうか。それともわたくしどもから大きな犠牲を要求する年でございましょうか。わたくしどもは不確かな気持ちでこの新しい年を迎えておりますが、今年もこの不確かさの中に、わたくしどもは残されるのでございましょうか。わたくしには分かりません。けれども、わたくしが神様にお願いするただ一つのことは、わたくしの信仰が弱くなりませんように、ということでございます。これは神様も、いつもわたくしから、お求めになることでございます。そして、やはりそのことを、わたくしはあなたのためにも、子どもたちのためにも、またわたくしを愛して下さる皆様のためにも、お願いしております。どうぞこの試練が、御国《みくに》の宣べ伝えのお役に立ちますように。わたくしはこの頃ずっと、幾分弱って、元気がございませんでした。わたくしの心はまだ、岩のように揺るぎのないものではございません。それに、それがもっているはずの安らかさももってはおりません。愛していれば、それはいつかそのような状態に到れるものでございましょうか。わたくしは自分にあるだけの力で、神様の愛を信じております。」

（一九三一年一月一日）

このようにして奇跡的に回復した彼女は、この一九三一年の四月にはロンドンにまた戻ることになります。彼女はロンドンで、また愛する家族に取り囲まれて、幸福な生活が始まります。外出こそ余りしませんが、たくさんの客が彼女を訪問し、久しく中断していた教会の仕事をまた始めます。日曜学校での仕事も始められます。彼女は幸福に溢れるような様子でその仕事に没頭していました。それは、彼女の手紙の編集者が書いている言葉を借りると、ちょうど夕陽が沈む前にスイスの高い山々の頂に現われる美しい夕映えに似ていたと言うことができます。

ところがその年の一二月に突然青天の霹靂のように、またあの怖ろしい病気の発作が始まりました。周囲の人々は、もう一度奇跡が起こることを期待して、彼女を再びスイスに連れ戻すことを決定します。彼女の夫が付き添って、再び彼女はスイスに戻るのですが、しかし前のように奇跡は起こりませんでした。彼女は次第に衰弱してゆきます。感覚の麻痺、一時的な失聴、片方の目の失明――そういう危険な兆候が次々に現われて来ます。

彼女を送って来た夫がロンドンに帰った直後、こういう手紙を書いています。

「もう今頃は、ロンドンの楽しい自家《うち》にお着きになって、可愛い子どもたちのそばにおいでの頃でございます。ご一緒にまいれませんこと、考えますと、血を吐くような思いがいたします。ご存じのように、私はこのお家にいて、不幸ではございません。自分の家から離れていてこれ以上望めぬほどに、愛されており、甘やかされております。けれども血の絆が、泣き叫ぶのでございます。」（一九三二年二月三日）

同じ頃こういう手紙も書いていますが、この手紙は彼女の姿勢を示すものとして大切な手紙だと思います。

「これから後、あなたが病弱な妻をお持ちになって、その健康のことでずいぶんいろいろと気をお使いなさるのではないかと、心配でなりません。そのことを考えますと、大変悲しゅうございます。そして神様にあなたのお仕合せのために、どうぞ自分が廃人になりませんようにと、お祈りいたします。ことに、自分の健康のことばかり考えているような、利己的な女になりませんようにと、お祈りいたします。……けれどもわたくしは、健康が破壊されるのを経験いたしますたびに、心の奥の方で、病気の利益ということを、新しく知るのでございます。それはちょうど人が孤独でいて、静かに自分の中に沈潜し、自分を再び見出し、沈思する余裕のある、あの状態に似ております。……眠れません夜とか、他のことをするには疲れ過ぎた時には、毎日働いておりましては考えることのできないありとあらゆる考えが、浮かんでまいります。非常な苦しみが起こりました時には、何をすればよいかは、神様がご存じのことでございましょう。わたくしは、それにお頼りしていようと存じます。……わたくしの心臓が大声で叫んでおりますことは、申すまでもございません。けれども、わたくしがユグノーの出でございますこと、ことに父の子でございますことは、いたずらなことではございません。どのように血を吐く思いをいたしましても、わたくしの良心は、神様の御意《みこころ》に背くことがはっきり分かっておりますことを、決して自分にさせはいたしません。」(一九三二年二月一〇日)

またこういう手紙も残っています。

「ああ、わたくしが揺るぎもしない巌《いわお》のような女だなどと、どうぞお信じにならないでくださいませ。落胆し失望する瞬間があることを恥ずかしく思っていると、申し上げたではございませんか。それに、そのような瞬間は度々なのでございます――わたくしは、神様が自分にお求めになることは皆、喜びをもって迎えるなどとは申しません。いいえ、わたくしはそれを懼《おそ》れと戦い、おののきをもって迎えます。涙のうちに迎えさえいたします。ただそれを信仰と服従をもって迎えるということは、申しても差し支えないと思います。――わたくしは仕合せでございます。わたくしどもは共々に物事を直視しているのでございますもの。わたくしどもは同じ仕方で物事を眺めているのでございます。そしてこの確かさは、わたくしにとりまして力でございます。それはわたくしの弱々しい瞬間からトゲを抜いてくれます。あなたのお心の底まで見ることを許されまして、ありがとうございました。」(一九三〇年三月一四日)

彼女は絶望的な状態のままでロンドンに連れ戻されますが、しかしもう再び立ちあがることはできません。日曜日に近所の教会の礼拝に出席するのが精一杯でしたが、彼女は最後の精力を子どもたちとの通信に捧げました。そして長椅子に座っていることが多く、ベッドに横たわっていることも次第に多くなってゆきました。苦痛は次第に増してゆきました。

その年の八月にスウェーデンに旅行した夫に宛て、こういう手紙を書いています。そしてこれが、その書簡集に集められた彼女の最後の手紙になっています。

「そうでございます。わたくしは信じております。神様はわたくしの生命を、御手の中に持っておいでになるのでございます。すばらしい昂揚の後で、自分がまた転落するのを感じたりいたしますと、どうしても多少絶望的な気持ちに襲われることが度々ございます。けれども、その故は神様が知っておいでございます。そして、わたくしどもはそれで満足しなくてはなりません。どのような場合にも、わたくしは忍耐強くあることを学ばねばなりません。わたくしのこの状態がいつまで続くかは、誰にも分からぬことでございますもの。」（一九三二年八月一九日）

九月になると、もうベッドから立ち上がることはできませんでした。かねがね何も隠してくれるなと頼んでいたので、彼女は自分の病気の状態をよく知っていましたが、平和に微笑んでベッドに横たわっていました。九月二七日という日に、彼女はこう言ったといいます。

「わたくしはすっかり安らかでございます。それは不思議なほどでございます。どうしてこうなったのか、自分には少しも分かりません。ちょうどあの病院で手術を受けた後の時とすっかり同じように、この状態はわたくしに与えられているのでございます。」

こういう安らかさは、家中に拡がって、生活は平常通り進行していました。子どもたちは自分の経験したことを報告して彼女を喜ばせ、彼女も体力の許す限り、子どもたちの勉強の指導をしてやったりしていました。

そして一〇月二六日という日――この日はすばらしく美しい日であったそうですが、強い鎮静剤のおかげで安らかな一夜を過ごした後で、彼女は眼を覚まして、家の人々と話したり、子どもを抱いたりしました。しかし生命は次第に消え失せてゆきました。苦しみもなくまどろんでいて、時々まだ自分がそこにいることに驚いている様子でした。

その日の夜、夫を指し招いて「こんなにもすべてのものは良うございます。本当に良うございます。他に何が要りましょう。暗いヴェールのようなものが、ほんの少しございますけれど、神様はすべてを明るくしてくださいます」と申しました。

そして翌日一九三二年一〇月二七日の朝にまた夫に「愛するあなた、天国でお会いします……じきに」と言って、それから一時間の後には生命は彼女の肉体から離れてゆきました。

こういうものがこのシュザンヌ・ド・ヴィスムという一婦人の生涯でした。それは外面的には何の奇もない平凡な生涯に過ぎません。ただ一人の平凡な婦人が重い病気にかかって、闘病の中に死んでいったという世界のいたるところで毎日起こっている出来事に過ぎません。

しかし私は彼女の書簡集を初めて読んだ時に強い感銘を受けました。それはあの太平洋戦争の終わろうとしていた昭和一九年頃のことでしたが、当時は言うまでもなく日本全体が荒廃の極みにありました。そしてそういう中にあって、私自身も精神的にも肉体的にも疲労困憊していました。そういう状態の中で、私は偶然この書簡集を読んで、心が新しい水で洗われるような思いがしました。

私がこの書簡集を読んで受けた一番大きな感動は、このシュザンヌ夫人という人の強さについての感動でした。恐ろしい病気の試練の中で、それに堪えて最後まで安らかさを失わなかったその強さについての感動でした。しかし、彼女の強さというのは、何か英雄的な強さとか、歯を食いしばった強さとかいうものではなくて、彼女の優しさと結びついた強さだと思います。あるいは彼女の心深いところにある静かな確信から生まれてきた強さだと言った方がいいかと思います。ある人が「信頼の勇気」という言葉を使っていましたが、彼女の勇気はまさに「信頼の勇気」と言うべきものだと思います。

この書簡集を読んだ時、私はまだキリスト者ではありませんでしたが、終戦直前の荒廃した雰囲気の中で、彼女のこうした信頼の勇気が、私をどのように勇気づけたか知れません。その後間もなく、私は洗礼を受けてキリスト者となりましたが、その時にも、またそれから今日に到るまで、いつも私の念頭にはこのシュザンヌ夫人の雄々しい姿があります。

【一九七〇年六月二九日　ＮＨＫラジオ放送原稿】

戦争責任の問題

今回の沖縄問題セミナーの案内には、今回は「沖縄の教会とキリスト者がこの二五年間何をやって来たか、今何をしているか、そして本土の教会とキリスト者が今まで何をして来たか、今何をしようとしているか」を膝を交えて語り合おう、という意味のことが記されていました。私もそういうつもりでこのセミナーに参加いたしました。それで私はこの時間に、戦争責任という問題に焦点をしぼって、この問題に関して本土の私どもが何をして来たか、また今何をしているかということを申し上げて、これからの話し合いの一つの材料になればと思います。

話しに入ります前に、先ず初めてお会いする方が多いわけですから、私自身の自己紹介のようなことを少しさせていただきます。私はもう随分年をとってしまいましたけれども、洗礼を受けましたのはまだそれほど昔のことではなくて、敗戦の年、一九四五年の春のことでした。それまで三年ほど東京の教会で求道者として生活しておりましたので、戦争中の教会のことは求道者としては経験しましたけれども、正式の教会員としては知らない人間です。その後、一九五一年頃から、数名の方々と相談して「キリスト者平和の会」という団体を作って、かなり長い間働いてまいりましたが、思うところがあって一九六四年にこの団体から脱退いたしました。そして現在では教団の社会委員会に属しております。本務は東京神学大学教授ということになっていますが、これもご承知のような紛争があり、私は特別に変わっていますために、現在では教授としては名目的なことになっております。そういう人間です。したがってこれから申し上げることも、そういう人間の眼を通しての話しであることをご了解いただきたいと思います。

1

ところで戦争責任ということに焦点を合わせて、本土の教会、キリスト者が何をして来たかということを申し上げるためには、やはり戦争中の教会がどうであったかということから話しを始めなければなりません。しかしそういうことになりますと、今も申しましたように、当時私は求道者に過ぎなかったのですから、戦後いろいろな形で発表された文献によって申し上げる他はないわけですが、例えば新教出版社の森岡巌氏の「太平洋戦争下のキリスト教」という文章の中に「一般的状況」として、次のように言われています。

「戦時下の日本のキリスト教は、その少数者としての弱さ、貧しさを劣等感の形で受け取る以外になかった。……預言者的な発言や行動への意欲も気宇もなく、神道あるいは仏教が直接・間接に享受していた国家からの特権的保護のおこぼれにあずかることに、むしろ汲々としていたのである。……彼ら少数者の前に巨人のように立ち塞がったあの戦争という既成事実を前にして、日本のキリスト者は、その圧倒的既成事実を前にして、ますます自らの無力感に捕らえられ、現実主義的な妥協と屈従に走り、恐るべき戦争追随の饒舌、あるいは真に告白すべき者を敢えて告白しようとしない石のような沈黙に陥るのである。」(『福音と世界』一九六七年六月号)おそらくその通りであったろうと思われます。

ところで私どもにとって問題なのは、一人一人のキリスト者がどういう心持でそういう状態に落ち込んでいったかということです。その点で私が思い出しますのは、戦争が終わりました後で何人かのキリスト者が自分の戦争中の行動を振り返って語られた言葉です。

その第一は、一九四一年に日本基督教団が成立しました時に、総会書記としておられた友井楨《こずえ》牧師が、一九五一年に教団成立一〇周年を迎えた時に、教団の機関紙に戦争中の教団のことを振り返って、「戦争中の教団のあり方にはいろいろ問題があるけれども、しかし弱い小さな日本の教団を守るためには、あれ以外のあり方はあり得なかった」という意味のことを書いていられました。それから第二に私が思い出しますのは、これは教団の方ではなくて、無教会の有名な指導者である塚本虎二氏の言葉ですが、やはり敗戦後に「自分はもし政府が福音宣教を禁じるようなことでもあれば、いつでも死ぬ覚悟をしていた。しかし平和のために死のうとは思わなかった」と言っておられるのを読みました。そういう言葉を思い出すのは、特殊な言葉としてではなく、おそらく戦争中、良心的に生きていたキリスト者の心持を代表するような言葉としてです。

勿論私は、例えば矢内原忠雄氏のように職を賭して時局に対してはっきりした姿勢をとることができたキリスト者のいたことを知っています。また他方の極には、今泉源吉氏という人のように積極的に時局に協力し、キリスト教と神道との混合を企てるというような人のいたことも知っています。しかしそういう人々はむしろ例外であって、大部分のキリスト者は今の友井氏や塚本氏に示されたような心持で戦争中を過ごしていたのであろうと想像します。すなわち、遂行される戦争に疑いをもちながらも、それがなお福音宣教の問題まで侵さないことによって、自分の信仰的良心をなだめ、あるいは痛みを感じても矢内原氏のような態度を取ることは弱い小さな日本の教会を守るためには不可能だと考えて過ごしていたであろうと想像します。しかし私は戦争責任ということを問題にする場合に、やはりそういう態度をこそ問題にせざるを得ないと思うのです。

誤解しないようにしていただきたいのですが、私が友井氏や塚本氏の言葉を材料にして戦争中のキリスト教のあり方を問題にします場合に、そういうキリスト教界の指導者を第三者的に批判しようなどとは少しも考えていません。第一私は先ほども申しましたように、戦争中はキリスト者ではありませんでしたけれども、しかし一人の市民として友井氏や塚本氏と同じ状況に生きていた者であり、しかも彼らと同様に、当時の時局に対して何もしようとはせず、何も出来ずに、私的な世界の中に逃亡していた人間です。ですから資格ということを言うならば、そういう人々に対して批判をすることのできない人間です。ただこの問題をそういう個人的な問題としてだけでなく、友井氏や塚本氏や、また私のような人間をも含めて神の前での責任の問題として考える場合に、やはりそういう発言に現れたような教会理解、信仰理解というものを問題にせざるを得ないし、また問題にすることを許されていると思うのです。そしてそういう教会理解、信仰理解が今日の私どもの間でも決して過去のものだけでなくて、現在の教団の問題であることを思う時に、ますますそれを問題にせざるを得ないのです。

今の友井氏や塚本氏の言葉において私が注目せざるを得ないのは、教会とこの世との関係です。あるいはキリスト者とこの世の関係です。そういう点で、お二人の言葉に示されているのはこういうことではないでしょうか。教会の壁の外では、今戦争という嵐が荒れ狂っている。しかしその嵐が教会の内にまで入りこんで来ない限りは――福音宣教がそのために妨げられない限りは、それは教会本来の問題ではない。信仰の問題ではない。その限りでは、それはキリスト者が命を賭けるべき問題ではない。そういう嵐の中に足を踏み出すことによって、教会の静けさが乱されてはならない。教会は守られなければならない。――そういうことであろうと思います。しかし私どもが今考えなければならないことは、果たしてそれが教会とこの世の関係なのだろうかということです。そのようにこの世の嵐から守られているということが、本当に教会を守るということなのだろうか。そのようにこの世の嵐から守られているのがプロテスタントの教会のあり方なのだろうか。ちょうど荒海の中に浮かんでいる静かな小島のように守られているのがプロテスタント教会なのだろうか――そういう疑問です。

ここでそういう点についての私の考えを詳しく申し上げることはできませんが、ボンヘッファーがあの有名な獄中書簡の中で、自分はかつては聖者になるということが信仰者になることだと考えていたが、それは全く間違いであって、聖者になることと信仰者になるということとは、まるで違ったことなのだと分かったと書いています。そして「福音のこの世性」ということを言っていますが、そういう問題だと思います。別の言い方をすれば、私どもが神に近づくということは、この世から次第に遠ざかってゆくということではなくて、むしろその反対だということだと思います。友井氏や塚本氏の言葉が語っているのは、そういう事実とは逆のことではないかと思うのです。

戦争中の教会は確かに戦争という嵐から守られていた。戦争中も教会が閉鎖されたり礼拝が禁じられたりしたわけではない。その壁の中では、確かに「イエスは主なり」という告白がなされていた。しかしそういう壁の外では罪のないたくさんの人々の血が流されていた。あらゆる非人間的なことが進行していた。言わば「イエスが主である」という事実とは両立しないような事実が進行していた。「イエスは主なり」ということをあざ笑うような事実が進行していた。したがって、教会の壁の中で語られていた「イエスは主なり」という告白が真実なものであれば、教会の壁の外で進行しているような事実に対して、ノーと言うべきであった。戦争に対してノーと言うべきであった。それは確かに政治的発言・行動という形をとるでしょう。しかしそれは単なる政治的発言・行動ではありません。それは「イエスは主なり」という告白の延長線上の発言・行動であるわけです。ですから「イエスを主」と告白する教会とキリスト者が戦争に反対しなかったということは、教会・キリスト者にとっての本職の方に忠実であったが、副業の方で手抜かりがあったというような種類のことではない。命をかけるべき福音宣教の方には真剣であったが、平和のためには手が及ばなかったというようなことではない。それはああいう状況の中にある教会・キリスト者がなすべき「イエスは主なり」という告白が、少なくとも十分な形ではなされなかったということです。イエス・キリストを十分な形では証しできなかったということです。教会とキリスト者に本来的に命じられている務めが果たされなかったということです。したがって教会を守るために、それはやむを得なかったという言い方もおかしい。本来なすべき務めを放棄することによって守られた教会とはいったい何なのか、それが教会を守るということなのかということが問われなければならないでしょう。――そういうものが私が戦争中の教会・キリスト者の戦争責任だと心得ているものです。

2

ともかくそういう状態で戦争中を過ごして来た教団は、一九四五年の敗戦の時を迎え、それから二十数年たって一九六七年にようやく「戦争責任告白」を発表することができたわけですが、その間の二十数年の間、この戦争責任の問題を問うて来たのは、やはりキリスト者平和運動であったと思います。私が申しますと手前味噌のようですが、やはりそう言うことができると思います。

この期間のキリスト者平和運動の中で、やはり代表的なものは今日も存続している「キリスト者平和の会」だと思いますが、この「平和の会」が創立されたのが一九五一年、この年は言うまでもなく対日講和とそれに伴う日米安保条約の締結された時ですが、一方その前年の一九五〇年から朝鮮戦争が始まって、それがいよいよ激しさを増して、その戦火があの朝鮮半島を北から南へ、南から北へと行きつ戻りつしていました。そして私どもはその戦火がいつ何時日本に飛び移るか分からない、そして第三次世界大戦が始まるか分からないということを真剣に心配していました。ですから当然のことながら本土では様々の形の平和運動が生まれたわけです。「キリスト者平和の会」も、そういう平和運動の一つとして生まれたわけですが、しかしこの会に集まった多くの人々の心に共通にあったのは、やはり戦争中の日本の教会のあり方に対する反省であったと言うことができます。平和の会はその出発にあたって、「平和に関する訴え」という声明を発表しましたが、その一節には「第二次大戦に際して、われわれキリスト者が犯した過ちは、平和の福音を単に眺めるのみで、そのために身をもって戦わなかったところにあり、これを深く悔いるものである」と記されていました。

その後のこの「キリスト者平和の会」の歩みについては、ここで一々申し上げる必要はないと思います。破防法とか原水爆実験とか安保条約改定とかいうその時々の内外の政治的・社会的情勢に対して、キリスト者としての立場から発言し行動して来たということに尽きると思います。その場合に、その出発点となったものは、やはり教会の戦争責任の自覚であったと言うことができます。

ただその場合に、今から考えて不思議に思い、また恥ずかしく思うのは、そういう私どもの問題意識の中にどういうわけか沖縄の問題が入って来なかったということです。それは近頃いろいろな人によって言われているように、単に私どもの教会だけではなく、一般に本土の革新運動全体としてそうであったわけですが、一般の平和運動の方では一九五六年のプライス勧告に対する「島ぐるみ闘争」の頃から沖縄への関心が高まったと言われています。しかし、教会の方ではそれよりもはるかに遅れて、それが表面化したのは、一九六六年夏の教団の教師講習会に沖縄キリスト教団の書記の山里勝一牧師が出席されて訴えられた時からではなかったでしょうか。私が今度こちらに参ります直前に森岡巌さんと話しておりました時に、森岡さんは、鈴木正久前議長が一九六六年頃からしきりに沖縄の問題に結びつけて戦争責任の問題を言われるのがどうもピンとこなかったと言っていましたが、そのことは私においても同様であったと言わなければなりません。

話しが少しそれてしまいましたが、「キリスト者平和の会」について私としてはまだ申し上げなければならないことは、最初に申し上げた私自身がこの会から一九六四年に脱退したのはなぜかということですが――そしてそれは、私のこの会についての評価があるわけで、それを言わずにおくことは無責任ということにもなるかと思いますが、しかしそれは本題から多少外れるので詳しくは申し上げることは止めます。ただ一言だけ申し上げれば、私はキリスト者平和運動が戦争責任の問題を担うために出発したということは全く正しかったと思うわけですが、しかし問題はその担い方にあったわけです。

先ほども申しましたように、私にとっての戦争中の教会の責任というのは、教会にとって副次的な点で誤りを犯したということなのではなくて、そこで本当に主が証しされていたか、主が告白されていたかという本来的な務めにおいて誤りが犯されたのだというふうに捉えられていました。したがってそういう過ちに対する悔い改めの実としてのキリスト者の平和運動のあり方も、それにふさわしいものでなくてはならない。すなわち、教会の体質はそのままにしておいて、それにプラスして政治的発言や政治的行動というような形でどんなに進歩的な発言や行動をしても何にもならない。平和運動をすることが、すなわち教会を前進させ、教会を前進させる力で平和の問題を考えるというふうでなければならない。教会の証し、告白の実としての平和運動でなければならない。キリスト者も一人の市民だから平和問題に責任を負うということではなくて、キリスト者がキリスト者であるから平和問題に責任を負う、教会が教会だから平和に対して責任を負うのでなければならない。一言で言えば、平和運動が本当に教会的な平和運動でなければならないということを考えていました。しかし現実のキリスト者平和運動はそういうものではなくて、それは一般の教会から飛び出すというような形でなされる平和運動だった――あるいは教会の中には片足だけを突っ込むというような形でなされていた。それは教会の闘いというよりは、一般の平和運動の一翼を担うというような形でなされていた。それが私にとっての問題であったわけです。

それから約五年たって、今日のような教団の混乱が起きていますが、かつてのキリスト者平和運動と違うと思う点は――そして私にとってもそれが正しいと思われる点は、彼らは彼らなりに教会の問題を真剣に考えているという点です。教会に食らいついて離れないという点です。「キリスト教総体を問う」などという言い方をしていますが、まさにそういう問題として問題を提起している点です。

以上がかつてのキリスト者平和運動に対する私の評価ですが、しかしいずれにしても、一九六七年の「戦争責任告白」の発表までキリスト者平和運動が戦争責任の問題を担って来たということは言えると思います。しかし今申しましたような担い方の問題もあって、「平和の会」では総会ごとに平和運動の全教会への浸透というようなことが言われながら、それは教団の片隅の特殊な問題意識に過ぎなかったと思います。それが六七年の「戦争責任告白」以来、急に教団全体の問題になったということが言えます。

3

この「戦争責任告白」が、どういう内容のものであり、どういう手続きを経て発表されたかということについては改めて申し上げませんが、しかしこれが発表されて以来、様々の激しい批判や攻撃の的となって来たことは既にご承知の通りです。ここに問題とされていることは、教団の体質に関することであり、教団が前進してゆくためにはどうしても踏み越えてゆかなければならないものが問題とされていると私は思うのですが、しかし発表後一般に語られていることは、発表に至るまでの手続きのことであったり、戦争中の指導者に対する弁護であったりしました。それは問題の矮小化だと言わなければなりません。

そのような批判や攻撃が激しくなされたために、常任常議員会はこの告白が発表された数ヶ月後に、五人委員会なるものを設けて、善後処置に当たらせることになりました。そしてこの委員会は六七年九月に「戦争責任告白をめぐって」という文章を発表しました。それを常任常議員会は承認したわけです。しかし私の見るところでは、この「五人委員会の答申」なるものは、今日の言葉で言えば全く事態収拾的なものであり、政治的な善後処置であり、「戦争責任告白」によって提出されている問題を本質的には何ら理解していないもの、むしろそれを曖昧にするものと言わなければなりません。そのことについて、その当時短文を書いたこともあって、お読みいただいた方もあるかと思いますが、かいつまんで言えばこういうことです。

すなわち「五人委員会の答申」には、例えばこういう文章があります。「教会が地の塩である限り、塩としての教会は地としての社会に対して連帯的に責任を負わねばなりません。しかしそのことは、塩が地からの超越性を失い、味をなくして、地と一元的に同化することではありません。塩としての教会は地としての社会からの超越性をもったままで、社会と連帯するのです。連帯化は二元的平行主義をやめることですが、それは単純な一元主義になることではありません。二元主義は無責任な立場ですが、一元主義は粗雑な神学です。

社会に対する教会の連帯化は、教会と社会との区別によって媒介されています。このことは具体的には次のような教会のありかたとなるでしょう。――教会は『平和と民主主義とを守る』というような基本的方向性については一致せねばならない。しかし平和と民主主義とを『いかにして』守るかという方策については、教会は複数の可能性を認めねばならない。複数の諸方策（これが政党的立場となる）の一つと直結するのであってはならない……。」

ここには二元論と一元論の誤りということが言われています。そのこと自体、私は正しいと思います。戦争中の教会が教会というものを荒海の中の聖なる小島のように考え、平和の問題を教会の問題と考えなかった場合、その誤りは二元論の誤りと言うことができるのですから、それを誤りとして連帯ということが言われるのは正しいと思います。またその連帯ということが、一定のイデオロギーと教会が直結することでない以上、一元論の誤りということを言うことも正しいと思います。しかしその二元論と一元論の誤りの克服として言われている、「平和と民主主義を守る」というところに一線を引いて、そこまでは教会として発言してもいいが、そこから先どのようにして平和と民主主義を守るかということは一人一人の教会員の問題であって、教会は複数の可能性を認めなければならないというような解決は、あまりにも非神学的であり、あまりにも政治的であると言わなければなりません。そして五人委員会がそのような政治的事態収拾的な答申を出し、常議員会がそれを承認したということの中には、やはり提起されている問題を問題とすることからの回避があり、また教団の混乱を避けようという教会擁護の精神が働いていたと想像されます。それこそ、戦争中の教会を誤らせた当のものであり、戦争責任告白はそのためにこそ書かれたのではなかったかと言わなければならないでしょう。

本来ならば、戦争責任の問題は「戦争責任告白」の発表の段階で、また「五人委員会答申」の段階で、徹底的に論じられるべきであったと思うのですが、その段階ではそういうこともなく終わってしまった。あるいは終わってしまったように見えた。ところがその後二年して、万博問題・東神大問題として新しく噴出して来たと私は思います。万博問題・

東神大問題として提起されているのは、どのような問題でしょうか。万博については、日本の大国主義誇示の場としての万国博覧会にキリスト教館を出展することへの問い、国家に対する教会の正しい関わり方への問いであり、東神大の学生が提起した中心的な問題は、福音と状況の関わりということでした。したがってそれは、戦争中の教団に問われた問題、そして答えられなかった問題、あるいは答えることを回避した問題、したがって戦後の教会に課題として残された問題、戦後のキリスト者平和運動が担い続けてきた問題であったわけです。その問題が今ここに激しい形で噴出して来たのだと私は考えます。

勿論そこで問題提起をしている人々の提起の仕方には問題があります。私はそれを問題にしなければならないと思います。しかし、そのことを問題にするために、彼らがそこで提起している問題そのものが忘れられてはならないと思います。彼らは決して無内容なことを問題にしているのではなくて、戦後の教会に課題として残された問題を問うているのであり、教会史的必然性をもった問題を問うているのだということが忘れられてはならないでしょう。そのことが忘れられて、ただ形だけの正常化が考えられても、形の正常化さえできないでしょう。

さらにまた教会が今日こういう問題のために苦しんでいるということを、むしろ感謝しなければならないと思うのです。福音ルーテル教会のある教職が、教団があういう問題で混乱していることはうらやましい、自分たちの方ではそういう混乱さえ起こらないと言っておられたと聞きました。福音ルーテル教会の実際がどうであるのかは問題ではありません。しかし教団の混乱については確かにそのように言うことができるのであって、教団がそのような問題に苦しんでいるということは、教団がなお生きているということのシルシであり、神の憐れみのもとにあるということのシルシだと言わなければならないと思います。

個人的なことを申しますと、私は一九六八年に沖縄キリスト教団と日本基督教団の合同が実現して間もなく、このように教団が混乱しているということに申し訳なさのような気持ちをもったこともしばしばです。教区議長の方々も加わった常議員会の席で混乱が起きて議場が騒然とした空気になることも何度かありましたが、その中に金城重明沖縄教区議長が座っておられる姿を見て、どういう心持で座っておられるだろうというようなことを考えたこともありました。ちょうど夫婦喧嘩の最中にお客様をお迎えしているような恥ずかしさを感じることもありました。しかしそういう受け取り方は間違っているのでしょう。
今提起されている問題が、もし私がこれまで申し上げて来ましたような性質の問題であるとすれば、それは沖縄の教会にとっても決して無縁の問題ではないはずです。この問題において沖縄の教会は決してお客様ではないはずです。本土の教会も、沖縄の教会も、そこに提出されている問題を誠実に受け止めて、そのための苦しみを主から与えられた苦しみとして受け止めて、日本の教会が本当に活ける主の活ける教会となるための共なる戦いをしてゆきたいと願うものです。

【一九七一年一月二日　沖縄セミナーでの発題講演】

今日のキリスト告白

今日これから「今日のキリスト告白」という題でお話し申し上げたいと思うのですが、現在、教団が抱えている問題の少なくとも一つの中心が信仰告白であることは言うまでもありません。そのことは、かつて開かれた二回の教団問題協議会の主題が信仰告白であったことからも明らかです。しかし教団問題協議会で信仰告白の問題が取り上げられた時にも、何人かの人々の口から、今日教団が抱えている問題は信仰告白の問題であるよりはむしろ教会と社会の問題だということが言われました。確かにそのように言うこともできるわけで、万国博覧会キリスト教館出展問題において提起されたのはまさに教会と社会の問題であったことを考えても、それを否定することはできません。しかしそのように、一方では信仰告白と言い、一方では教会と社会と言う、この二つの問題は別々の問題であろうかというのが、これからお話ししようとする問題の出発点です。今日の教団の現実では、確かに一方には信仰告白ということを強く言う人々がおり、そういう人々はおおむね社会の問題には無関心であるという現実があり、またそれに対して社会的な問題に真剣に関わっている人々がおり、その人々はあまり信仰告白というようなことは言わないという現実が他方にはある。けれども、それがそのように別々のものだろうかというのが、これからお話ししたいと思うことの出発点です。そのような問題を取り上げますのは、鈴木正久先生の名前で一九六七年に発表された「戦争責任告白」はまさにこの二つの問題が切り結ぶところにあると思われるからです。

1

ところで、信仰告白の問題を考える場合に、先ず第一に聖書が告白ということをどのように語っているのかということから出発するのは当然のことであろうと思います。二箇所、聖書を読みたいと思いますが、二つともよく知られている御言葉です。一つはロマ書一〇・九—一〇で、そこにはこのように言われています。「すなわち、自分の口で、イエスは主であると告白し、自分の心で、神が死人の中からイエスをよみがえらせたと信じるなら、あなたは救われる。なぜなら、人は心に信じて義とされ、口で告白して救われるからである。」このロマ書の言葉ほど、私どもの信仰生活の中での信仰告白というものの位置を明確に示す言葉はないだろうと思います。パウロはここで私どもが義とされ救いにあずかるという私どもにとってギリギリ重大なことについて語って、それは信仰と告白にかかっていると言うのです。五節以下で言われているように、イスラエルはそれを律法の行いによると考えている。しかしそうではなくて、我々の救いは信仰と告白にかかっているとパウロは申します。パウロが人が義とされるのは信仰によってであると言っていることは、同じロマ書の三章を初めとして、ロマ書の他の箇所でも、またガラテヤ書でも私どもが聞いていることですが、しかしここではその信仰と並んで告白ということが言われて、我々が義とされ救われるのは信仰と告白によってだと言われていることは私どもを驚かせます。

もう一つの聖書の箇所はマタイ福音書一〇・三二―三三ですが、ここには「だから人の前で私を受け入れる者は、私もまた、天にいます私の父の前で受け入れるであろう。しかし、人の前で私を拒む者を、私も天にいます私の父の前で拒むであろう」と記されています。三二節で「受け入れる」と訳されている言葉は、ロマ書一〇章で使われている「告白する」という言葉と同じ言葉で、したがって文語訳では「されば凡《おほよ》そ人の前にて我を言ひあらはす者を、我もまた天にいます我が父の前にて言ひ顕はさん」となっていました。ここで言われていることも、ロマ書一〇章で言われていることと同じことで、父なる神の前でイエスが私どもを受け入れて下さるということの最終的に重大な事柄が、人々の前での私どもの告白という事実との関わりで言われているわけです。

このような新約聖書の二つの箇所を読んだだけでも、私どもの信仰生活にとって、信仰告白というものがどのように重大な位置を占めているかということは明らかであろうと思います。

しかし、このところで念のために言っておかなくてはならないことは、新約聖書でこのように重大なものとして語られている信仰告白というのは、必ずしも文章となった信仰告白文書のことではないということです。信仰告白文書の重大さと、それを受け入れるということの重大さとは、必ずしも一つではないということです。代々の教会は、カトリック教会にしてもプロテスタント教会にしても、使徒信条の昔から数多くの信仰告白文書を作ってまいりました。我が日本基督教団も一つの信仰告白をもっています。それが大切なものであることは言うまでもありません。しかしロマ書一〇章やマタイ福音書一〇章が私どもが義とされ救われることと結びつけて最終的に重大なこととして語っている信仰告白というのは、必ずしもそのような信仰告白文書を私どもが受け入れるというようなことではなくて、むしろそのような信仰告白文書をも生み出すような信仰告白、あるいは根源的な信仰告白だということを忘れてはならないでしょう。

そういう根源的な信仰告白に対しての信仰告白文書の関係は何かと言えば、それはトゥルナイゼンという人の言葉を借りれば、一つのシルシであってシルシ以上のものではないわけです。それはシルシとして重要ではあるけれども、しかしそれはシルシとしての重要性以上のものではない。それを過大に考えてはならない。現に信仰告白文書をもたない教会もあるわけで、そういう教会をそれだからと言って教会ではないと言うことはできないでしょう。

それでは、そのような信仰告白文書とは区別された根源的な信仰告白とは何なのかということですが、聖書の中で告白という言葉がどういうものとして述べられているかということを調べて、それに基づいて一つの定義として申し上げることもできるかと思いますが、しかし今はそういうことはしないで、「例えば」という形で申し上げると、私はそういう意味での信仰告白ということを考える場合に、直ちに思い浮かべるのは内村鑑三の不敬事件と言われるあの事件です。あの事件について詳しく申し上げる必要はないでしょう。ただこの事件について語った内村自身の言葉にはこうあります。「いよいよ僕の番が来た時、ずいぶんためらった。余程オジギしようかと思った。しかし当時すでに僕に頼っていた学生が一〇数名いて、ジッと僕を見ているのだ。それを思った時、どうしてもオジギは出来なかった。僕はチョット頭を下げた。それからあんな騒ぎになった。何しろ僕も若かったし、それにちょうどカーライルの『クロムウェル伝』を夢中で読んでいた時だったからね。」この内村鑑三の言葉は、根源的な信仰告白というものがどういうものかということをよく私どもに示してくれるように思います。それは出来上がった信仰告白文書を受け入れるというようなことではありません。第一高等中学校の講堂における内村鑑三がそうであったように、お前の主は誰なのかと問われた場合に、たとえためらいがちにではあっても、私どもがはっきりと身を向けるべきものに身を向けて立つということです。身体全体をもって、そのような姿勢で立つということです。それも密かに、内心においてというのではなく、内村がそうであったように、公然としてそういう姿勢で立つということです。

そういうものがロマ書一〇章やマタイ福音書一〇章が語っている根源的な信仰告白だと思います。そういう信仰告白なしに私どもはキリスト者ではない。そういう信仰告白なしに教会は教会ではない。教会が教会であるということは、そういう信仰告白者の群れであるということであり、信仰告白の共同体であるということです。

2

しかし、なぜ信仰告白ということがそのような重大な事柄なのか。それは決して分かり切ったことではありません。自明なことではありません。むしろ考えてみると不可解なことだと言うべきかも知れません。

なぜかと言えば、先程も申しましたようにロマ書一〇章にしてもマタイ福音書一〇章にしても、私どもが義とされることと救いに与ることを告白ということとの関わりにおいて語っているわけですが、しかし考えてみればそれは不思議なことなのです。なぜかと言えば、その同じ聖書が、私どもが義とされ救われるということは、私どもの側の何の働きもなしに、何の協力もなしに、すでに達成されていると語っているのですから。そういう箇所を私どもは聖書の中で数多くあげることができます。例えば、「御父は、私たちを闇の力から救い出して、その愛する御子の支配下に移してくださいました」（コロサイ書一・一三）、「あなたがたは、キリストと共に復活させられたのですから、地上のものに心引かれないようにしなさい」（コロサイ書三・一―二）、「あなたがたは、主イエス・キリストの名と私たちの神の霊によって洗われ、聖なる者とされ、義とされています」（Iコリント書六・一一）、「御父がどれほど私たちを愛して下さるか、考えなさい。それは、私たちが神の子と呼ばれるほどで、事実またそのとおりです」（Iヨハネ書三・一）すなわち、それらの箇所がはっきり語っていることは、あなた方はやがて救われるだろう、義とされるであろう、神の子とされるであろうというようなことではなくて、あなた方はすでに救われている、義とされている、神の子であるということです。しかしそれならば何故にロマ書一〇章やマタイ福音書一〇章のように言われるのか。「信ずるならば」、「告白するならば」となぜ言われるのか。すでに救われ義とされた者に対して、「心に信じて義とされ、口に言い表わして救われる」などと、なぜ言われるのか。それは決して自明なことではありません。それはむしろ不可解なことだと言わなければなりません。

しかし、そのようになぜと問うことは、その問いを延長させてゆくと、単になぜ信仰告白が必要なのかという問いには留まらないのであって、そもそもなぜ私どもは主イエスの十字架と復活の後も生きているのだろうか、そもそもなぜ十字架と復活以後の人間の生活があるのだろうか、人間の時がなぜあるのだろうか、人間の歴史がなぜあるのだろうかという問いに連なってきます。

そういう問いは決して突拍子もない問いではありません。もし私どもが聖書の言葉を真面目に読めば、そういう疑問は決して突拍子もないものではないはずです。

主は十字架で「すべては終わった」と叫び給いました。人間と世界の救いのためになさるべきことは十字架において起こってしまった。すべては勝利の内に終わってしまった。IIコリント書五・一七に記されているように「誰でもキリストにあるならばその人は新しく造られた者である。古い者は過ぎ去った。見よ、すべてが新しくなったのである。」そのようなことが主の十字架において実現したというのが、私どもの信仰であるはずです。しかし、それならばなぜ十字架と復活以後の歴史は必要なのか、それは決して突拍子もない問いではないはずです。

カール・バルトが『教会教義学』の中でやはりこのような問いを出して自問自答しているのですが、その答えを私自身の言葉に直して申しますと、こういうことです。神にとっては、主の復活で歴史を閉じることも可能であった。しかし、神はそのようにし給わなかった。それは、もし復活で人間の歴史が終わったならば、神の恵みがどのように大きなものであっても、それは一方的な力の行使であり、制圧であり、人間不在の恵みになってしまうからである。しかし神は、人間との連帯を真剣に考え給う。神は、その恵みが人間不在であることを欲し給わない。どんなに細い小さな声であっても、神の恵みに対する応答・感謝・讃美・告白の声が、人間の側で発せられることを期待し給う。まるでそれがないならば、救いの御業は達成されないかのように、それを渇望し給う。それまでは、あの第二の来臨は、押しとどめられている。それまでの時として、この地上の時間は定められている。これがバルトの言っていることです。

すなわち、主の十字架と復活においてすべてのことは終わっているにもかかわらず人間の歴史が続き人間の時間が続いているのはなぜかと言えば、神の恵みに対する応答の時として、あるいは感謝の時として、また告白の時として定められているというのが、バルトが言うことであり、それはバルトの思想というだけではなくて、新約聖書全体を背景としてそのように言わなければならないと思います。

ですから、現在のこの地上の時間は、神の恵みに対する応答の時、したがって告白の時だと言うことができます。しかし言うまでもなく、人間の大部分はこのことを知らず、神の恵みを知らない。信仰もなく、したがって告白もしない。そのような無数の人々の中に教会が建てられ、私どもがキリスト者としてあるということは、そういう神の恵みを知らず信仰のない人々の中にあって、そういう人々に代わって神の恵みに応答する群れとして、告白する群れとして立てられているということです。すなわち、告白共同体として立てられているということです。

そのことをお互い確認しましょう。教会は何のためにあるのかということについて、いろいろな考え方が可能だろうと思います。それは、宗教的情緒を養う場所であるとか、私どもがそこへ行って慰めを与えられ力がつけられる場所であるとか、あるいは兄弟姉妹の交わりの場所であるとか、いろいろな考え方が可能であろうと思います。教会はそういうものではないなどと言う必要もないと思います。しかし教会はそういうものであるよりも先に、告白共同体なのだということが確認されなければなりません。

ですから教会は、ちょうど内村鑑三が告白する者として第一高等中学校の講堂に立っていたように、告白共同体として世の中に立っていなければなりません。そしてその全機能を動員して告白しなければなりません。

3

教会がそのことを先ず教会の言葉をもって行わなくてはならないのは言うまでもありません。すなわち、宣教によってそのことを行わなくてはならないのは言うまでもありません。しかし教会が告白するのは単に宣教の言葉によってだけではありません。教会はその祈りによって、また聖礼典によって告白します。それだけではなく、教会の規則、教会法によってもそのことを行います。「告白する教会法」ということを言った人がありますが、教会はそのような教会の秩序によっても告白します。教会の主がただ一人イエス・キリストであることを告白します。

しかしそれだけではありません。教会は何ごとかを語るとか何ごとかをなすとかいうことによって初めて告白するのではなくて、教会がそこにあるというその存在そのものによって告白します。すなわち、神を知らない無数の人々の中に神を信じる私どもがいて群れをなしているというそのこと自体が告白です。聖日の一定の時間に、一定の場所に私どもが集まって礼拝を捧げるというそのこと自体が告白です。ですから礼拝に私どもが集まるということは、講演を聞くために私どもが集まるということとは全く違ったことなのです。講演の場合には、講演という別の目的があって、集まるということはその目的のための手段にすぎません。しかし礼拝の場合には、説教を聞く手段として私どもが集まるのではありません。集まるということ自体が世に対するデモンストレーションであり告白です。礼拝に来て説教を聞いて慰めを与えられるということだけが礼拝の目的であれば、家にいて説教集を読んでいてもその代わりになることです。しかしそれは礼拝ではないのだということを知らなくてはなりません。

しかしそれだけではありません。これまで申して来た宣教とか祈りとか聖礼典とか教会の集まりとか、それらはすべて教会的な言葉や行為です。しかし私ども一人一人のキリスト者の生活に日曜日の教会での生活のほかに週日の生活があるように、教会も一面では社会的な存在ですから、そのような教会的な言葉や行為と並んで社会的な言葉や行為をもっているわけです。バルトが『教義学要綱』で用いている表現で言えば、「カナンの言葉」に対する新聞の言葉と共に、「新聞の言葉」をもっています。すなわち、教会固有の表現である「カナンの言葉」と共に、「新聞の言葉」を知っており、「新聞の言葉」においても教会であることをやめないのです。いずれにしても教会がその全機能を動員して告白するという場合には、単に教会的な言葉や行為によって告白するだけでなく、社会的な言葉や行為によっても告白するのだと言わなければなりません。単に「カナンの言葉」によってだけでなく、「新聞の言葉」によっても行うと言わなければなりません。しかしその問題については、後でまた帰ってくることになると思うので、これ以上深入りしないようにいたします。

4

それよりも今考えておきたいのは、告白はいついかなるところでなされるのかという問題です。それに対する第一の答えは「食べるにしろ飲むにしろ、何をするにしても、すべて神の栄光を現わすためにしなさい」（Ｉコリント書一〇・三一）という言葉が示しているように、いついかなるところでもということでなければならないでしょう。常住坐臥、日常生活すべての場面においてというのが第一の答えであるに違いありません。ですから家庭生活においても職場の生活においても、私どもは告白的に生きなければならないでしょう。『バルメン宣言第二項』に「イエス・キリストは、我々の全生活に対する神の力ある要求である」とあるように、文化の領域においても、そして政治の領域においても、告白がなされなければならないでしょう。

しかし今私どもは、そのことと同時に、そしてそのことを決して否定するというのではなしに、政治の領域での告白ということを考えたいと思います。特に政治の領域での告白について考えるのは、決して私が特に政治の問題に関心の深い人間だからでもなければ、また今日という時代が政治的な時代であってすべての問題が政治化される時代だからというのでもありません。そうではなくて、告白という事柄そのものが政治とか国家とかいうものを特別な問題とせざるを得ない性格をそれ自身においてもっているということです。言い換えれば、私どもが告白ということを考える場合、政治という領域は日常生活や文化や経済などと並んだ一つの領域だということは事実ですが、単にそれだけではなく、それは文化や経済とは違った特別な領域だということです。

それはなぜかと言えば、それは政治とか国家とかいうものには文化や経済の領域とは違って支配者がいるということから来ると思います。勿論文化や経済の領域にも支配者がいないことはない。しかしそれは国家における支配者とはまるで違ったものであることは言うまでもありません。そういう特別な意味で支配者がいる領域で、教会がイエスは主なりと告白する場合、そこに特別な緊張関係が生まれて来ざるを得ないわけです。国家の側から言えば、教会の告白はいつも国家の主権に対する問いかけとして響いて来る。教会の側から言えば、国家の存在はいつも教会の告白に対する問いかけとしてそこにあるということを退けることはできません。すなわち告白する教会は、国家の中にいつも獅子身中の虫というような姿で存在せざるを得ない。したがって、場合によっては両者の間に軋轢が生まれ、抗争が生まれる可能性がいつもあるわけです。それは決して教会がいつも反権力でなければならないとか、反体制的でなければならないというようなことではありません。決してそういうことではありません。しかし国家と告白する教会の間には、いつもそのような緊張関係があるということを心得ておかなくてはなりません。それが私どもの告白というものの性格であり、またキリスト教というものの性格だということは心得ておかなくてはなりません。

そして実際に、キリスト教はこの二千年の歴史の中でそのようなものとして生き続けて来たのではないでしょうか。O・クルマンが『新約聖書における教会』という論文の冒頭で言っているように、聖書は例えば教会と文化というような問題については語っていない、そのような問題を知らないけれども、教会と国家という問題は聖書そのものの中に含まれている問題だと言うことができます。教会と国家という問題はキリスト教の歴史と共に古い問題、キリスト教の歴史のそもそもの最初からの問題であり、クルマンが言うように聖書そのものが問いを出し答えを出している問題だと言うことができます。

したがってそれは初代教会以来の問題で、例えば使徒行伝一七・七には、パウロによってキリスト者になった人々をユダヤ人が役人の前に引き出して来て訴えた言葉が記録されていますが、そこには「この連中は、みなカイザルの詔勅にそむいて行動し、イエスという別の王がいるなどと言っています」とあります。この言葉が示しているように、当時のキリスト者はいつもキリストが主なのか皇帝が主なのかという二者択一の前に立たされていた。「イエスは主なり」という告白は、そういう状況の中で語られた告白だということを忘れてはならないでしょう。当時のキリスト者はそのように告白することによって、国家との間に緊張関係を生み出さざるを得なかったということ、そして場合によっては殉教の死を遂げたということを忘れてはならないでしょう。

同じクルマンが「原始教会の信仰告白」という小さいしかし有力な論文を書いているその中で、彼が指摘している重要なことの一つは、新約聖書で「告白」という言葉（ὁμολογέω, μαρτυρέω）が用いられる場合には、概ね迫害や殉教に関係して用いられているということ、そしてついには「告白する」という動詞がそのまま「殉教する」という意味で用いられるようになったということです。そしてそのことと関連してクルマンが引用しているのはIテモテ書六・一三ですが、そこには「ポンティオ・ピラトの面前で立派な宣言によって証しをなさったキリスト・イエス」と記されています。この言葉は初代教会における告白というものがどういう性格のものであったかを示していると思います。それはしばしば権力者の前での告白であり、そしてしばしば迫害を生み、殉教を生む告白であったということです。

信仰告白が初代教会においてもっていた性格は、しかし初代教会だけではなくて、当然のことながら二千年の教会の歴史を貫いて今日に至っているわけです。今日においても国家の中で「イエスは主なり」と告白することは、いつでも国家との間に緊張を孕んだ出来事であり、場合によっては軋轢や抗争にまで発展する可能性をもった出来事です。

そのような事例を私は近代の教会史の中で数多くあげることができると思いますが、先ほど申しました内村鑑三不敬事件なども私どもの身近な一例と言うことができるでしょう。また私どもはヒットラー支配下におけるドイツの教会のことも思い起こします。

バルトがスイスでドイツ教会闘争について講演している中で、ドイツ教会闘争とはどのようなものなのかということをスイスの人々に知ってもらうために、ドイツ教会闘争を象徴的に示す一つのエピソードを紹介していますが、それはドイツのダルムシュタットで実際に起った出来事です。すなわちこの町で教会が主催して講演会を開こうとした時に、ナチの秘密警察の警官が会場に乗り込んで来て、その講演会を中止させようとした。そこで教会側の人々と警官の間で押し問答が続いた末に、その警官が大きな声でこう言った。「あなた方は今こそ目に見える国家の代表としての私に従うか、それともあなた方がいつも口にしているあの空想的な主に従うか。そのどちらかに決断しなければならない。」こういうエピソードを紹介して、ドイツ教会闘争とは何かと言えば、まさにこのエピソードが示しているようなものだとバルトは言っています。

つまりドイツ教会闘争とは何かと言えば、それはドイツの教会が初代教会の場合と同様にイエスは主であると言うか、皇帝が主であると言うかという二者択一の前に立たされて行った闘争であると言うことができるでしょう。

もっと身近な例として私どもは現在行われている靖国法案反対のことをあげることができるでしょう。靖国法案に反対する理由はいろいろとあげられると思いますが、私にとって一番決定的だと思われるのは、東北大学の宮田光雄教授が指摘しているように、人間の生と死の意味付けを国家が行うという点だと思います。すなわち人間存在の価値の問題にまで国家が足を踏み込んで来るという点だと思います。そしてそのような人間存在の価値の問題にまで国家が介入して来るということこそ、戦前の天皇制の特質でした。政治思想史が教えているように、近代ヨーロッパ国家では、教会と国家の長年の戦いによって、そのような人間存在の価値の問題は教会、あるいは人間の良心に委ねられました。国家はそのような問題には中立的立場に立って介入しないというのが、政教分離というものでしょう。ところが戦前の天皇制では、国家自身がそのような価値の設立者となって、日本人は外面的だけでなく内面的にも天皇を頂点とする価値体系の中に組み込まれていた。そのようなものが今また再び復活しようとしているということが、靖国法案の中心的な問題だと思います。しかし私どもは人間の価値の設立者が誰であるかを知っています。それは靖国法案が指向しているように国家などではないことを知っています。それ故にそれに対してノーと言うことは、人間の価値の本当の設立者が誰であるかを指し示すことであり、今日におけるキリスト告白だと言うことができるでしょう。

5

私はこれまでかなりの時間を使っていろいろなことを申し上げて来ました。先ず聖書が告白ということについて何を語っているかということから始めて、聖書においては告白ということが私どもの信仰生活の中心として語られているということを言い、私どもがキリスト者であるということは告白者であることであり、教会が教会であるということは告白共同体であることだと申しました。したがって教会はその全機能をあげて、またいついかなるときも告白する教会として立っていなくてはならないということを申しました。そしてその場合に政治という領域は、告白ということが言われる場合に、それもまた一つの告白の場所というだけでなく、特別な領域だということを申しました。そしてその実例として初代教会のことを言い、ドイツ教会闘争のことを言い、さらに靖国法案反対のことを申して来ました。つまりそこまで告白の射程距離を延ばしてきました。ここでもう私はこの話しをやめてもよいのかも知れません。しかし、私は「今日のキリスト告白」という題でお話しをする場合、最後にもう一歩前進しなければならないように思います。

そしてこれまで申して来たことには大体賛同していただいたと思いつつも、しかしこれから申し上げることにはいろいろ違った意見のあることを予想するのですが、やはりそれを申さなければなりません。

それは例えばこういうことです。六〇年安保の時、キリスト者も大勢反対運動に加わっていろいろな活動をしたわけですが、その中であるキリスト者が「自分が安保改訂に反対するのは信仰告白としてだ」と言ったので、その言葉が物議を醸したことがありました。

安保反対と信仰告白が何の関係があるのか、言葉遣いをもっと慎んでもらいたい、そういうことが言われました。これから問題にしたいのはそういう問題です。

私は初代教会や内村鑑三やドイツ教会闘争や靖国法案反対のことを申して参りました。初代教会の人々が皇帝が主であるということに対してノーと言ったこと、天皇制日本の中にあって内村鑑三が天皇の宸署《しんしょ》に対して頭を下げるのをためらったこと、ヒットラー支配下におかれたキリスト者がヒットラーに対する絶対服従を拒んだこと、また今日の我々が国家が人間存在の価値付けにまで介入しようとすることに対してノーと言うこと、そのようなことが、たとえどのように政治的な表現をとるにしても、それぞれの時代のキリスト者の信仰告白の行為だということは、比較的抵抗なく受け入れられることだと思います。

しかしそのようなことと安保改訂反対ということは多少違ったことに違いありません。たとえ日米安保条約の改訂によって実質的に日米軍事同盟が生まれるのであっても、それがいったい信仰告白と何の関係があるのか、そういう反対運動は市民としての反対運動であって、キリスト教信仰とは何の関係もない、そのように考えるのがむしろ普通のことかも知れません。

同じようなことは靖国法案反対運動の中にも現れているように思います。靖国法案反対の運動が広く教会の中に浸透して、一つの政治問題がこれほど教会的な規模で戦われたことは、日本のキリスト教の歴史の中で初めてのことであろうと思うのです。しかしそれと同時に、そういう靖国法案反対運動のあり方に批判的な青年たちがいることも事実です。彼らは一般の教会の反対運動を教会的エゴイズムだと言い、教会擁護の運動だと言い、さらに信教の自由はナンセンスだと言います。私は反対運動に積極的に関わっている人たちが教会的エゴイズムや教会擁護のために動いているとも思わないし、まして信教の自由がナンセンスだとも思いません。ただしかし今日の靖国法案反対運動の中に、そういう批判に価するものが全くないかと言えば、そうは言えないように思います。靖国法案反対運動がこれだけ教会の中に浸透できたのは、なんと言ってもそれが自分たちの足下に火がつくような問題であるからであったからではないでしょうか。これが例えば被差別部落の問題であるとか、在日韓国人の問題とかいうことになれば、全く違うのではないでしょうか。そういう問題が教会の中に持ち込まれることに対しては、依然として抵抗がある。違いがあるのは当然だと私も思いますが、しかしそこに質的な違いが果たしてあるのだろうかと問わざるを得ません。

しかしそれは日本の教会だけのことではないと思います。ドイツ教会闘争においても、同じように告白教会に属してヒットラーに対して闘った人々の中にも違いがあって、保守的なルター派の人々は自分たちがナチズムに反対するのはナチスの宗教政策に対してであって、ナチズムそのものに対してではないという意識が強かったといいます。そしてナチスの宗教政策に対して反対するが、しかしナチズムそのものに対しても反対するという少数の人々と対立していたといわれます。しかしドイツ教会闘争の輝かしい遺産として私どもに残されている「バルメン宣言」が、その第五項で「国家は正義と平和のために配慮するという課題を神から与えられている」ということを言い、さらに「教会はそのような国家の責任を想起させなければならない」と記した場合、この「バルメン宣言」が、そのような少数者の側に立って書かれているということは明らかです。すなわち国家の教会に対する態度がどうであるにしても、もしその国家が平和と正義のために配慮することを忘れているならば、それに対して警告するということは教会の問題だということを「バルメン宣言」は語っているのです。もしそうであるとすれば、安保改訂反対がどうして信仰告白の問題になり得ないということがあるでしょうか。差別の問題などが、靖国法案反対と同様にどうして教会の問題となり得ないということがあるでしょうか。

しかしなぜ「バルメン宣言」第五項のような言葉が語られるのか。なぜ安保反対のようなことが信仰告白の問題だなどと言えるのか。信仰告白の射程距離がどうしてそのようなところまで延ばされなければならないのかということは、簡単に言えばこういうことだと思います。

私どもはイエスを主と告白します。そしてイエスが主であるということは、彼が世界の主であるということです。人間のすべての領域の主であるということです。そしてそのすべての領域という中には、当然のことながら国家の領域も入っています。ですからイエスが主であると告白する者にとって、その世界の状態がどうあるかということに対して無関心ではいられないのです。その世界がイエスが主であるという事実を覆い隠すような状態であるか、それともそれをあらわに示すような状態であるかということは、告白する者にとってどうでもいい事柄ではありません。国のあり方も、イエスが主であるという事実を覆い隠すような状態である場合に、それに対して何も言わなかったり、あるいは肯定的である場合、その人の「イエスは主なり」という告白が本当に真剣なものかどうかが問われなければならないでしょう。そして逆にイエスが主であることを覆い隠すようなあり方に対してノーと言うことは、そのような状態の中に生きるキリスト者としての今日のキリスト告白となるでしょう。

それ故にH・ゴルヴィッツァーはある講演の中で「イエスは主なり」という告白と核兵器の存在は両立しないと申しました。それと同時に、安保条約改訂反対を自分の信仰告白だと言っても、それは決して信仰告白という言葉の誤用とは思わない。むしろ今日のキリスト告白はそのような射程距離において語られなければならないと思うのです。

このことは「戦争責任告白」の問題にも関連してゆく問題だと思います。教団が神と人の前で過ちを犯したというその過ちとは何であったのか。それは戦争中に教団は教会としてちゃんと立っていたが、しかし国家権力との対応において過ちを犯したということなのか。そのような性質の過ちであったのでしょうか。

戦争中も確かに教会は教会として立っていた。礼拝を守り、説教もなされ、聖礼典も執行されていた。そしてイエスは主なりという告白もなされていたはずです。しかし教会の壁の外では無辜《むこ》の血が流されるというイエスが主であるという事実を否定するような事態が進行していたとするならば、そしてそれに対して教会が何も言い得なかったとするならば、それは単に国家権力との対応において誤ったというようなことではなく、社会倫理という点で誤りを犯したというようなことではなくて、告白という、そのためにこそ教会が立てられている使命において誤りを犯したということではないでしょうか。私は教団の戦争責任とはそのような性質のものだと思います。戦争中の教団が犯した過ちというのは、そのような性質のことだと思います。

もしそうだとすれば、そのような過ちを犯した教団が悔い改めの実として歩まなければならない新しい路、取らなければならない姿というのは、単に国家権力との対応という点で新しくなるというようなことだけでは足りないわけで、教会の根本的な在り方についての問い直しが始まらなければならないと思うのです。

一九六九年頃から始まった教団の混迷と言われるものをどのように理解するかは人それぞれに違うでしょうが、私はやはり今申しましたような根本的な問い直しがそこでなされているのだと理解しています。そこには不幸なことがいろいろと起こり、逸脱もあり、荒廃もあり、風化もあり、反動もあります。またそこから何か新しい根源的なものが生まれたかと言えば、とてもそうとは言えない状態だと思います。しかし、もし私どもの悔い改めが真剣なものであれば、教会の主は私どもをこのような混沌を通して新しいところへ導いて下さるに違いありません。

【一九七四年七月一四日　西片町教会鈴木正久記念講演会】

バルトの教会論

はじめに

最初にいくつかのことを申し上げなければなりません。第一には、この夏期研修会のことですが、これは研究委員会の方々には申し上げるまでもないことですが、研究委員会以外の方々も加わっていて下さいますので、これが開かれるようになったいきさつについて、一言申し上げておかなくてはなりません。ご承知のように信濃町教会では、今年は、昨年以来の「告白する教会」という主題を年間テーマに掲げているわけですが、今年は特に「教会」ということに重点を置いて考えていこうということになっていることはご承知の通りです。研究委員会でも、この年間テーマをどのように展開すべきかを委員会の度毎に話し合ってはいるのですが、いろいろな議論が出てきて、定例の委員会ではなかなかラチがあきません。定例の委員会では他に処理しなければならない事柄も次々にあるものですから特別の時を設けて十分に話し合おうというのが話しの始まりだったと思います。ただその場合に、直接の目的は年間テーマをいかに展開すべきかということであったにしても、特別の機会を設ける以上、もう少し広い視野の中でその問題を考えようということになって、根本的に教会とは何かというところから出発し直そうということになったと思います。そして、参加していただく方も、研究委員以外の方々もお誘いして、ご一緒に考えていこうということになりました。ところで「教会とは何か」ということを考えるとしましても、何を手がかりにしてこの根本的な問題を考えるかということですが、池田伯《あきら》牧師の示唆などもあって、先ずK・バルトの教会論を手がかりにしようということになりました。

K・バルトという名前が出て来たのは、恐らくこういう理由からだろうと思います。一つには、今日確かに世界のキリスト教界に教会というものについてのいろいろな考え方や教会形成の新しい試みなどがあると思いますが、それらはすべて（と言ってもいいのではないかと思いますが）バルト神学との何らかの関わりにおいて出て来たと言っていいのではないでしょうか。肯定的、ないし批判的ないし否定的というような様々な違いはあるとしても、いずれにしてもバルトとの関わりの中から出て来たと言えるのではないかと思います。

それからもう一つ、信濃町教会とバルトとの関係ということもあるかと思います。このことは皆さまもよくご承知の通りで申し上げるまでもないことですが、実際にバルトの神学が教会の中で盛んに語られるようになったのは第一次の福田正俊牧師の時代からかと思いますが、その素地はすでに高倉徳太郎牧師の時代に養われていたという意味では私どもの教会は終始、K・バルトの神学と共に歩んで来たと言っていいと思います。そのことは戦後の教会の歩みについても言えることだろうと思います。そういう意味で今日の新しい状況の中で「教会とは何か」について考える場合にも、やはりバルトの考え方を手がかりとするということは適当なことであろうと思うわけです。

勿論バルトの教会論を学ぶと言っても、今度の研修会がバルトの教会論を学ぶための研修会ではないことは言うまでもないことで、これは一つの手がかりにすぎませんし、またバルトの教会論を学ぶと言っても、それは必ずしもバルトの考え方をそのまま私どもの考え方にしようということでもありません。ただ私どもの由《よ》って来《きた》ったところを振り返るためにも、また将来を展望するためにも、バルトの教会論を手がかりとすることは適当なことであろうと思うわけです。

それで委員会では私にバルトの教会論を紹介するようにということになりましたが、それは私がバルトの著書を相当数翻訳しているということから、そういうことになったのだと思いますが、翻訳という仕事と紹介という仕事はかなり違った仕事ですので、どれだけのことができるか分かりませんが、自分に出来る限りのことをしてみようと思います。

バルトの教会論と言っても非常に厖大なものですし、それに初期の時代（『ローマ書講解』の時代）と『教会教義学』を書くようになった時代とではその教会論も非常に違ったものになっています。それを万遍なく逐一ご報告するなどということは出来ることでもありませんし、またその必要もないことだと思います。繰り返し申しますように、この研修会ではバルトの教会論そのものが目的ではなくて、信濃町教会の問題を考えるのが目的ですから、その必要もないと思います。

そのような意味で彼の最期の仕事と言える（と言っても、それは未完成に終わったのですが）『和解論』の中に現れた「教会論」を御紹介するということで責任を果たしたいと思います。『和解論』というのは、彼のライフ・ワークである『教会教義学』という、それこそ厖大な著作の最後の部分になったものですが、この『和解論』は三分冊からなっていて、第一分冊が出来たのが一九五四年（バルトの六八歳の時）ですが、それからずっと書き続けて第三分冊が五年後の一九五九年に出版されて、それ以来はさすがのバルトも書く気力を失って第四分冊はついに『断片』として出版されました。しかしこの第四分冊というのは「倫理」の部分で、「教義」の部分はその第三分冊で完成しているわけです。

ところでこの『和解論』の三分冊にはそれぞれ第Ⅰ部、第Ⅱ部、第Ⅲ部が収められていて、それぞれに教会論がついているわけです。お手許に配りました印刷物の最初のところにそれが表になっていますので、それをご覧いただきたいと思います（左図）。

それでこれから御紹介するのは、この第Ⅰ部、第Ⅱ部、第Ⅲ部それぞれに収められた教会論の部分ですが、しかし、この教会論の部分だけでも厖大なもので、頁数を申しますと、第Ⅰ部の教会論が邦訳で一八〇〇頁、第Ⅱ部が二〇〇〇頁、第Ⅲ部はまだ翻訳されていませんが、翻訳すれば四〇〇〇頁以上になるはずですから、合計八〇〇〇頁くらいのもので、読むだけでもなかなか大変で、これを御紹介するとなるといよいよ大変なことですが、努力してみたいと思います。

	イエス・キリスト	罪	和解の実現	教会	キリスト者
第Ⅰ部	真の神―祭司	高慢	義認	集まり	信仰
第Ⅱ部	真の人―王	怠惰	聖化	建設	愛
第Ⅲ部	神人―預言者	虚偽	召命	派遣	希望

しかし紹介とは申しまし

ても、バルトが書いている通りに第Ⅰ部ではこういうことを言っている、第Ⅱ部ではこういうことを言っているというふうに順序を追って御紹介をしていたのでは、かえって分からなくなると思いますので、勝手に解きほぐしまして、しかも現在の私どもにとって大切だと思われる点に重点を置いて御紹介したいと思います。

特に私がこう思うという言葉を挟まない限りはすべてバルト先生の思想であって（勿論そこには私の理解する限りでのという前提がありますが）、どうかそのつもりでお聞きいただきたいと思います。

この和解論の第Ⅰ、Ⅱ、Ⅲ部のうちⅠ、Ⅱには一つのまとまりがあって、Ⅲは、Ⅰ、Ⅱとは少し方向性が違うので、先ずⅠ、Ⅱの教会論を御紹介して、それがすんだ上でⅢの教会論を御紹介するという順序にしたいと思います。

1　『和解論』ⅠとⅡの教会論

1　「中間時」とは何か――教会の時間と人間の歴史

今私どもは「教会とは何か」ということを学ぼうとしているわけですが、「教会とは何か」ということを学ぶためには、神の救いの計画の全体を先ず視野の中に収めることが是非とも必要なことだと思います。

先ず教会が信じて宣べ伝えている福音の真理の中心は何かといえば、それは言うまでもなく「創り主なる神を否定し、そのことによって自分自身の存在をも否定し、自分自身を破滅させるという人間の絶望的な現実に対して、そのような現実に対する憐れみから、神が御子イエス・キリストを送り、イエス・キリストにおいてそのような悲惨な現実を御自身のものとし、人間の代理となり、御子を十字架につけるというところまで御自身を低くし、そのことによって、人間の上に迫っている呪いと刑罰を御自身の身に負うて、それを人間から取り除いてくださった」ということです。Ⅱコリント五・一七の御言葉で言えば「古いものは過ぎ去った」ということです。しかし、福音の真理はそのことだけでは終わらない。すなわち、十字架の事実を指し示すだけではなく、さらに主の復活の事実を指し示します。今のⅡコリント五章の御言葉で言えば「古いものは過ぎ去った」と語るだけでなく、さらに「見よ、新しくなった」ということを語るわけです。「だれでもキリストにあるならば、その人は新しく造られた者である」ということです。すなわち、主の十字架の事実と甦りの事実が相共に私たちに告げていることとは、「私どもはもはや古い存在ではなくて新しい存在であり、神の敵ではなくて神の友であり、さらに神の子である」ということです。「もはや罪人ではなくて義人であり、もはや破滅した者ではなくて救われた者だ」ということです（I／2、二九七頁）。

しかしもしそうであれば、もう起こるべきことは起こってしまったと言えるのではないでしょうか。人間の救いのために起こるべきことは起こってしまったと言えるのではないでしょうか。

ですから人間の歴史は、本当を言えば、主の甦りで終わってよかったはずです。主の復活の出来事そのものが最後のラッパの鳴り響く時であり、最後の審判の時であるということも可能であったわけです。主の再臨の時であるということも可能であったわけです。

しかし実際には、何故かそのようにはならなかった。人間の歴史は、あの復活の朝で終わらなかった。歴史はさらに進行し、時間は進行した。というよりも終わりの日が始まった。本来ならば一つであってよいはずの復活の時と最後の審判の時が二つに分離された。

主の第一の来臨の時と主の第二の来臨の時が分離されて、その二つの出来事の間に特別な時間が入り込んで来た。主の復活から始まって世の終わりまで続く時間が入り込んで来た。バルトがこの時間を「中間時」という名前で呼んでいることは、よく知られたことであります。しかしこの時間は、主の甦りの時という終末の始まりから終わりの日に向かって進んでいる時間ですから、終末時と呼んでもよいわけです。

しかし、そのように言う場合に、私どもの心に浮かぶ疑問は「なぜそのような中間時というものが必要なのだろうか」ということです。なぜ、あの主の甦りの時が同時に世の終わりの時にならなかったのだろうか。なぜ、終末がそのように引き延ばされなければならなかったのだろうか。なぜ私どもは、主の甦りの時を後にして主の再臨の時まで歩み続けなければならないのだろうか。なぜ、中間時が必要なのだろうか。中間時の意味は何なのだろうか。主はそのような時間を設けることによって、何を欲し、何を期待しておられるのだろうか。そのような疑問は、当然私どもの胸に浮かんで来る疑問です。

そのような疑問に対して、バルトが答えて言っていることは、こういうことです（それは聖書全体を背景にしての答えと言っていいかと思いますが）。もしあの主の甦りの時に人間の歴史が終わりとなったとすれば、そのような神の恵みは、それがどのように大きな恵みに見えるとしても、やはり神の側からの一方的な押しつけ、組織的な力の行使、一種の制圧のようなものに終わってしまうだろう。人間を飛び越え、人間を排除した救い、人間抜きの救いになってしまうだろう。そのような恵みや救いは、人間の頭の中で思い描く恵みや救いであるかも知れないが、しかしそれは、父・子・聖霊であり給う真の生きた神の恵みや救いではない。アブラハム・イサク・ヤコブの神の恵みや救いではない。

つまり、バルトの言うことは、神はそのような人間抜きの救いを救いと考え給わなかったということです。主の十字架と甦りとにおいて示された神の恵みを受けた人間が、人間の側から、そのような恵みに対して応答し、それに対して讃美と感謝の声を挙げることなしに人間の歴史を終わりにしようとはなされなかった。神は、人間が神の恵みに対して応答の声を挙げ、讃美と感謝の声を挙げる時を設けられた。中間時を設けられた。それほどに神は人間との連帯関係を真剣に考えられる。それほどにも神の謙遜は大きく、それほどにも神の恵みは偉大なのだとバルトは申します。

神御自身にとってそのような人間の側からの応答は必要ではない、従って神御自身にとって、そのような中間時は必要ではない。そのような時間なしにすますということも、神には十分に可能であったはずです。しかし神は、そのような時間を断念せずに、人間の応答を期待し、人間を応答へと呼び出し給うた。それはあくまで神の人間に対する愛のゆえだとバルトは申します。

勿論、人間の側から発せられる応答の声はいつも貧弱な声にすぎません。また、応答する者も限られた少数の人間にすぎません。しかし、それがどのように少数の人間の貧弱な声であるにしても、神はそのような応答の声を求め給います。そしてそのような応答のための時として中間時を設け給いました。

ですからこの中間時というのは、教会の時間だと言うことができます。主の十字架と甦りにおいて示された神の救いの御業をまだ知らない――従ってそれに応答しない無数の人々の中にあって、たとえ少数でもそのことを知り、そのことに応答する人々のための時間――教会の時間ということができます。

言い換えれば、神は御子イエス・キリストが独りでい給うことを欲し給わないということです。御子イエス・キリストがそのために死なれた人間が、この事実に対して全く目が見えず耳が聞こえずにあることを欲し給わないということです。イエス・キリストの死によって起こった人間全体の根本的な方向転換に対して、すべての人間が無知であることを欲し給わない。少数であっても、この事実を信仰によって知り、告白する群れを欲し給うのです。すなわち教会を欲し給うのです。そのために――すなわちそのような教会が存在し歩むために、神は終わりの時を押しとどめ、終末時を引き伸ばし、今の時を設けられた――これがバルトの答えです。

私どもは先ずこのことを確認しなければならないと思います。私どもがこのように生きているこの時がどのような時なのかということを知らなければならないと思います。そしてそのことを知る者として、今のこの時をそのような時として生かして用いなければならないと思います。コロサイ書四章五節やエペソ書五章一六節に「今の時を生かして用いなさい」とありますが、私どもは今の時をそのような時として生かして用いなければならないでしょう。

教会はこの中間時の中を歩んでゆきます。主の第一の来臨の時を出発点として主の第二の来臨の時に向かって進んでゆきます。教会はしばしば深い海の上を進む舟に譬えられるわけですが、ちょうどそのような舟のような姿で、主の甦りから主の来臨に向かって進んでゆきます。主の甦りにおいて教会に告げられた事実は何かと言えば、すべての人間の状況が主の十字架において根本的に変えられたという事実でした。それは単に信ずる者たちにだけ関係する事柄ではありません。それはすべての人間に関係する事柄です。状況が根本的に変えられたのは信仰者だけではなくてすべての人間です。しかしすべての人間がそのことを知っているわけではない。むしろ、それを知っているのは少数の人間にすぎない。しかし教会は、そのことを信ぜず知らぬ無数の人々に取り囲まれつつ、そのことをただ独り知る者としてその中に立ち、また歩まなければならない。この知識を携えて歩まなければならない。すべての人間に関わる真理を証しする群れとして、証人の群れとして歩まなくてはならない。今はまだ少数の人々しか知らぬこの事実がすべての人々によって知られる日に向かって歩まなければならない。その日まではすべての人々の代理である群れとして、あるいは彼らを代表する者として歩まなければならない。教会の強さは、そのような時を知る点にあるとバルトは申します。教会は時が何であるかを知っているということによってだけ強い。初めの時が何であり終わりの時が何であるかを知っていることによって強い。また初めの時と終わりの時に挟まれた今のこの時が何であるかということを知って

いることによって強い。そしてまたそれこそが教会の栄光だということができます。（I／4、一六九―一七八頁）

2　目に見える教会と目に見えぬ教会

しかし、勿論そのような教会の姿は、信仰者の目にだけ映る教会の姿にすぎません。世間の人々の目には教会は決してそのようなものとしては映っていない。世間の人々の目には、教会はやはり様々な人間集団の一つとして映っている。そういうものと肩を並べて立っている一つの集団にすぎないわけです。そしてまた実際に、教会では他の人間的集団で起こるような様々なことが起こる。争いがあり、憎しみがあり、力の支配が起こり、差別が起こる。他の人間的な集団で起こるあらゆることが、ここで起こり得るわけです。ですから世間の人々の目に教会がそのようなものとして映るのは当然と言わなければなりません。

しかし、それにもかかわらず、私どもは使徒信条で「我は聖なる教会を信ず」と告白するわけです。教会を「聖なる」教会と言うわけです。それはいったいどういうことなのか。そのような私どもの告白と、私どもの目が見ている弱い醜い教会の間にはどのような関係があるのか。聖なる教会と様々な人間的なものに充ちた教会との間にどのような関係があるのか。それは当然私どもの心に起こって来る疑問です。その場合、一つの逃げ道は、私どもが「聖なる教会を信ず」という場合のその教会というのは、現実のこの目に見える教会のことではなくて、この目に見える教会を超えた高いところに浮かんでいる教会だと考え、あるいは目に見える教会を突き抜けたところ、その背後に高く聳《そび》えている教会だというように考える考え方です。

しかし、バルトはそのような考え方は誤りだと申します。それはちょうど同じ使徒信条で「からだの甦りを信ず」と告白する場合に私どもが信ずるのは、この現実の私どもの身体と別のものの甦りではなく、まさにこの生身の身体の甦りであるように——そして人間に与えられている約束とはまさにそのような約束であるように、私どもが「聖なる教会を信ず」と言う場合にも、まさにこの私どもの目が見ている教会が聖なる教会であることを信ずるのであって、それ以外のことではありません。

結局そのような考え方が誤りであるのは（すなわち現実の目に見える教会の外に聖なる教会を信ずるのが誤りであるのは）、私どもが「イエス・キリストを信ず」と言う場合に、私どもは真の神であると共に真の人であるイエス・キリストを信ずるのであって、イエス・キリストを飛び越えた、どこか外のところに立っておられるイエス・キリストを信ずるのではないからだとバルトは申します。私どもは、私どもの兄弟となり、人間と共に苦しみ、人間と共に試練に遭い、人間と共に死に向かって歩まれたあのイエス・キリストを信ずるのだからです。もし教会がイエス・キリストの「からだ」であれば、真の人であったイエス・キリストのからだとしての目に見える教会を離れて、私どもは「我は聖なる教会を信ず」と言えないわけです。私どもはこの現実の目に見える教会についてこそ、「我は聖なる教会を信ず」と言わなければならないわけです。

しかし、そのことはまた一方、決して目に見える教会そのものが偉大であり、栄光に充ちたものであるということでもありません。もし教会が、自分自身が目に見える姿において偉大であり栄光に充ちたものであると思い、そのことを世に対して誇る場合には、それはまた反対の誤りに陥ることになると言わなければなりません。私どもはそういう誤りに陥った教会の例としてローマ・カトリック教会を思い浮かべますが、しかしバルトはそういう警告は単にローマ・カトリック教会に対してだけ語られる警告ではなくて、小さな教会やグループに対してもしばしば語られなければならないと申します。

ところで、そのように「我は聖なる教会を信ず」という告白が意味することが、現実の目に見える教会を超えたところに目を注いで語られる告白でもなければ、またしかし目に見える教会そのものを肯定して語られる告白でもないとすればどういうことなのかと言えば、それはバルト自身の言葉で言えば「目に見える教会の秘義としての目に見えぬものに対する信仰告白」だということです。砕いて言えば、こういうように言うことができるでしょうか。私どもが「我は聖なる教会を信ず」と言う場合、私どもは現実の目に見える教会から目を逸らしてどこか他のところを見てそう言っているのではない。現実の教会から逃れて美しいお伽噺《とぎばなし》の世界を眺めているのではない。あくまで現実の教会を見つめる。しかしまた、現実の教会だけに目を注いで現実の教会そのものについてそのように信仰告白するのでもない。そうではなくて、現実の教会を見つめつつ、その中に隠された真実の教会を見て、「我は聖なる教会を信ず」と言う、あるいは現実の教会の秘義に目を注いで「我は聖なる教会を信ず」と言う――そのように言うことができます。

同じことを逆に言えば、真実な教会は（あるいは教会の秘義は）いつも現実の目に見える教会の中に隠れていると言わなければなりません。この二つのもの（目に見える教会と目に見えぬ教会）は、ですから切り離せないけれども、しかし直接的に同一だとは言えない。間接的に同一だと言わなければならないわけです。ですから、私どもは現実の目に見える教会の中に真実の教会を見るというようには言えない。ただ、それを信ずると言うより他はない。「我は聖なる教会を信ず」と言うより他はありません。

ですから、現実の目に見える教会の栄光は信仰の対象であるより他はありません。終わりの日までは隠された栄光であるより他ありません。そのことは主イエス・キリストの栄光も私どもの信仰の対象でだけあって、終わりの日までは隠された栄光であるより他はないのと対応する現実であるわけです。

ただその場合注意しなければならないこととしてバルトが繰り返し言っていることは（そしてそれは、これまで言って来たことから当然、出て来ることではありますが）、私どもが「我は教会を信ず」ということは、「我は天地の創り主、全能の父なる神を信ず」とか、「我はその独り子、我らの主イエス・キリストを信ず」とか、「我は聖霊を信ず」という場合の「信じる」ということとは違うわけです。すなわち私どもが「我は教会を信ず」という場合、教会を信仰の対象とするのではない。ただ私どもは聖霊を信ずる者として、その聖霊の働きである聖なる教会の存在を信ずるというにすぎないわけです。

3 教会の秘義——イエス・キリストの「からだ」

a 「イエス・キリストの地上的・歴史的な存在の形」としての教会。イエス・キリスト(あるいは神の国)と教会の同一性。

しかしそれならば、目に見える教会の姿の中に隠されている真実な教会とは何なのか。目に見える教会の秘義とは何なのか。私どもが目に見える教会を見る時に、その中に信仰の目をもって見る教会、あるいは信ずることのできる教会とは何なのか。——それが私どもの問題とならざるを得ないわけですが、それに対する答えとしてバルトが言っていることとは「教会とは、イエス・キリスト御自身の地上的・歴史的な存在の形」だということです。教会がそのような存在だということが教会の秘義だというわけです。イエス・キリストは十字架につけられ甦られた方として、天において神の右に坐し給うということは聖書が私どもに告げていることですが、しかし彼は、この中間時において、単にそのような方としていますだけではありません。すなわち彼は単に上から(遠方から、人間歴史の外側から）人間に対して関わりをもち給うだけではありません。彼は、それと同時に、この人間歴史の中の一つの要素としても生き給います。すなわち教会という形の中でも、彼は生き給うのです。そのことをバルトは「教会はイエス・キリストの地上的・歴史的存在の形」という言葉で言うわけです。イエス・キリストは教会という地上的・歴史的な形の中にも生き給うわけです。

このイエス・キリストの地上的・歴史的存在の形が教会であるということが、バルトの教会論の中心だと言っている人（O.Weber）がいますが、おそらくその通りであろうと思います。しかし、バルトがそういうことを言うのは、決して彼の思想というようなものでないことは言うまでもありません。教会が「イエス・キリストの地上的・歴史的な存在の形」という言い方は、パウロの書簡のたくさんの箇所に出てくる、教会が「キリストのからだ」という言い方の言い直しに過ぎないわけです。「キリストのからだ」という表現から当然引き出される帰結だと言おうとしているにすぎないわけです。

ところで、パウロ書簡の教会は「イエス・キリストのからだ」という表現ですが、教会が「イエス・キリストのからだ」だということはいったいどういうことなのか。それについてバルトが言っていることは、先ず第一に、それは単に一つの比喩として理解されてはならないということです。すなわち「教会は一つの社会的形成物として有機的な組織をもっていて、『からだ』というような比喩で語るのが当然だ」というようなことではないと言うのです。そうではなくて、例えばIコリント書一二章二七節で、教会に向かって「あなた方はキリストのからだであり、一人一人はその肢体である」と言われる場合、文字通り教会が(またそれに属する一人一人が)イエス・キリストのからだとして、また、その肢体として呼ばれているのだと申します。すなわちイエス・キリスト御自身の死が教会に属するすべての者の死を包みこむ——そのような意味で、教会は「イエス・キリストのからだ」と言われているわけです。

ですから端的に言えば教会が「イエス・キリストのからだ」だという言葉の語っていることは、イエス・キリストと教会のある意味での同一性だということができます。それ故にこそ使徒言行録九章四節では、イエス・キリストがその教会を迫害する者に対して「サウロ、サウロ、なぜわたしを迫害するのか」と問い給うのです。また、マタイ福音書二五章では彼の最も小さい兄弟にしたことを「わたしにしたのである」と言われ、彼らにしなかったことを「わたしにしなかったのだ」と言われるのです。

ですからイエス・キリストと教会の間にはある意味での同一性があると言うことができます。しかしその同一性は、あくまでも「ある意味での」同一性であって、「教会がイエス・キリストである」というような同一性でないことは言うまでもありません。しかし、「イエス・キリストの現実が教会の現実を包み、イエス・キリストの秘義が教会の秘義であり、イエス・キリストの力が教会の内にある力だ」という意味では、イエス・キリストと教会の間にはリアルな同一性があると言わなければなりません（エペソ書一・二〇―二三。これこそ教会の真理のマグナカルタです）。

それと同じことは、神の国と教会の関係についても言うことができると、バルトは申します。神の国というのは、言うまでもなくイエス・キリストによって打ち建てられる支配でありますが、そのような神の国と教会の関係について、これまでのプロテスタント神学では、教会と神の国が同じでないということが性急に強調されてきました。バルトも勿論教会が神の国だなどということは言いません。しかし、彼は大胆に、「神の国は教会だ」と言うわけです。それは大胆な言い方だと思いますが、しかしそれが間違いではないことは、これまで申して来たことでご理解いただけるのではないかと思います。バルトが「神の国は教会だ」と言う場合に、終わりの日において直接的に決定的に示される神の国が教会だなどということを言っているのではないことは言うまでもありません。今はまだ終わりの時ではなく中間時なのですから、そのようなことがあり得ないのは言うまでもありません。しかし、そのような終わりの日に向かって急ぐこの地上の時間の中で（中間時の中で）不完全な形で、暫定的に示される神の支配がある。そのような神の支配、神の国、それは教会であると、バルトは言うわけです（Ⅱ／4、七八頁）。勿論、教会は神の国を祈り求めます。教会が祈り求めるのは、神の国が終わりの日に完全な姿で決定的に示されるということです。しかし、そのように祈り求める教会の姿そのものにおいて、神の国はすでにこの地上にあり、時間の中に存在するのだとバルトは言うのです（Ⅱ／4、七九頁）。

今御紹介したようなイエス・キリストと教会の同一性についてバルトは聖書のたくさんの箇所を釈義することによって裏付けしていて、それは興味深いところですが、しかしここではそれを詳しく紹介することは出来ません。ただいくつかの箇所を紹介すれば、例えばマルコ福音書四章二六節以下のところで「神の国はある人が地に種を蒔くようなものである」という言葉で主イエスが神の国の譬え話をされるところがありますが、そこで「夜昼、寝起きしているうちに、種は芽を出して成長する」と続けて言われている、その「芽を出し成長する」主体は、教会に他ならないとバルトは申します。またパウロにしても、Ⅰコリント書四章一九節以下でも、「神の国は言葉ではなく、力にある」と書いて、彼がコリントへ行ったならば、その基準でコリントの人々を量るだろうと言う場合、「神の国」という言葉でパウロが言っているのは、まさしく神の国の暫定的な姿としての教会のことに他ならないと、バルトは言っています。

このこととの関係でバルトはアウグスチヌスの『神の国』の考え方に触れて、アウグスチヌスのように「神の国」と教会を一般的に等値することは誤りだけれども、しかしまた一方、アウグスチヌス的な考え方を排除するのも誤りであって、神の国には勿論終末論的な意味もあるけれども、暫定的な意味もあるのであって、後者の意味では、神の国は実際に教会なのだと言います（Ⅱ／4、八〇頁）。

それからまたマタイ福音書二八章の一番最後の「見よ、私は世の終わりまで、いつもあなた方と共にいる」という御言葉にしても、これを単に教会の歩みに対して主が協力者としてあるいは助力者として共におられるということだと理解してはいけないのであって、この中間時における教会の歩みそのものにおいて彼が支配を行い給うというように理解しなければいけないのだと申します。またそのような理解に基づいてこそルカ福音書一〇章一六節の「あなた方に聞き従う者は、私に聞き従うのであり……」という御言葉も理解できると申します（II／4、八二頁）。

このようなイエス・キリストと教会との、あるいは神の国と教会とのある意味での同一性は、私どもが十分に注目しなければならないことだと思いますが、しかしバルトにとってはそれは「教会はキリストのからだ」という聖書の表現から当然引き出される帰結に他ならないのでしょう。

b 「イエス・キリストにおいて義とされ聖とされた人間全体の暫定的表示」としての教会

しかしバルトにおいては、教会が「イエス・キリストのからだ」ということから引き出される帰結は単にそれだけではありません。すなわち教会が「イエス・キリストの地上的・歴史的な存在の形」だというだけではありません。もう一つ別の側面として、バルトは教会は「イエス・キリストにおいて義とされ聖とされた人間全体の暫定的表示」であると申します。この二つのことは同じ一つの「教会はイエス・キリストのからだ」という教会の秘義を別の側面から言った言葉だと理解できるでしょうか。すなわち教会がイエス・キリストのからだだということは、イエス・キリストとの関係で言えば「イエス・キリストの地上的・歴史的な存在の形」だと言えますし、人間全体との関係で言えば「イエス・キリストにおいて義とされ聖とされた人間全体の暫定的表示」と言えるのではないかと思います。

ところで、「イエス・キリストにおいて義とされ聖とされた人間全体の暫定的表示」とはどういうことなのか――イエス・キリストの死と甦りにおいてなしとげられた和解の業というのは、言うまでもなく、単に教会に属している者たちだけの問題ではなく（信仰者だけの問題ではなく）すべての人間の問題であり、すべての人間の根本的な状況がそのことによって変化したということを告げているわけです。イエス・キリストにおいて義とされ聖とされたのは、キリスト者だけではなく、人間全体です。そのことは例えばⅠヨハネ書二章二節の「この方こそ、私たちの罪のための贖いの供え物です。ただ、私たちの罪ばかりでなく、全世界の罪を償ういけにえです」というような御言葉を読むだけでも明らかです。しかし、すべての人間がそのことを認識し、信じ、告白するわけではない。それは普遍的真理なのですが、しかしそれはまだ普遍的真理とはなっていない。――そのような無数の人々の中にあって、聖霊の御手がキリスト者を捕え教会へと呼び集め給います。それは勿論キリスト者の功績などによるものではなくて、神の自由な恵みの行為として起ったことです。したがって教会を教会以外の世界に対して優越させるものは（キリスト者をキリスト者以外の世界に対して優越させるものは）ただ一つだけ、それは人間全体のために起こった和解の業を（すなわちすべての者がすでに義とされ聖とされているという事実を）知っているということ、そしてそれを告白する者とされているということ、そのことであり、ただそのことだけであります。――やがてそのことは、人間全体の認識となり告白となるだろうということを聖書は語っています。例えば、ピリピ書二章一〇―一一節で「それはイエスのみ名によって天上のもの、地上のものなど、あらゆる者が膝をかがめ、またあらゆる舌が『イエス・キリストは主である』と告白して、栄光を父なる神に帰するためである」と言われているように、やがてすべての者の目と耳に明らかな事実となるだろうということが言われています。しかしその時までは教会は、そのことをまだ知らぬ無数の人々の中に、ただ独りそのことを知る者として立っていなくてはならない。「暫定的な表示」として立っていなくてはならない。そのことが、この「イエス・キリストにおいて義とされ聖とされた人間全体の暫定的表示」という言葉によって言おうとしていることだと思います（I／1、二五八―二五九頁）。

教会は、死んで甦り給うた「イエス・キリストのからだ」であることによって、そのような存在であることを許されているわけです。教会は、終わりの日においてすべての者に示される世界の和解の事実を指し示す矢印のようなものとして存在することを許されているわけです。ですから教会は絶対に自己目的ではあり得ないわけです。矢印が自己目的ではなくていつも他のものを指し示すことによって存在するように、自己目的ではあり得ないわけです。ちょうど主イエスがいつも他の者のために存在されたように、彼の「からだ」である教会もいつも他の者のための存在であるより他はない。しかしそのようなことについては、第Ⅲ部の教会論の中で詳しく展開されることで、ここではこれ以上申しません（I／4、四二―四四頁）。

ところで教会は今申しましたように「イエス・キリストにおいて義とされ聖とされた人

間全体の暫定的表示」として、中間時の中に立っているわけです――したがって教会の目標はいつもイエス・キリストにおいて与えられた人間全体の義認と聖化であって、教会はいつもそれを指し示す矢印として立っているわけですが、その場合バルトが力説していることは、「神が教会を通してそのような暫定的表示を行い給うということは、決して神の恵みの一つの形とか、救いの一つの形とかいうものではない」ということです。あるいは「目的のための手段」というようなものではないということです。「他にも何かよい手段があるかも知れないが、これも一つの手段だ」というようなものではないということです。人間全体の義認と聖化の暫定的表示としての教会は、人間の救いにとって欠くことのできない必然的なものだということです。つまり神の人間全体に対する御業は、主の甦りにおいて終わったのではなくて、この中間時において継続されている。イエス・キリストはヘブル書一三章八節が言うように「昨日も今日も、いつまでも変わることがない」方として、この中間時にも存在しておられる。そして神が今この中間時において存在されるのは、まさにあの「人間全体の義認と聖化の暫定的表示」という形においてです。すなわち教会という形においてです。彼の「からだ」としての教会においてです。ですから教会は救いのための一つの手段というようなものではない。救いにとって必然的なものであるわけです。——ですからこの暫定的表示から遠ざかる者は救いから遠ざかる者であり、救い主からも遠ざかる者だと言わざるを得ない。教会を真剣に考えない者は、自分の救いを真剣に考えない者だと、バルトは言わざるを得ないわけです（II／4、一四—一七頁）。

カトリック教会には「教会の外には救いなし」という有名な言葉があります。今御紹介したようなバルトの教会についての考え方がこの言葉を思い出させるようなものをもっていることは事実です。そしてバルトもある意味ではこの言葉を肯定的に受け容れます。しかし彼は用心深く、自分の考えはこの言葉と似てはいるが同じではないと申します。それはなぜかと言うと——イエス・キリストの「からだ」としての教会は、歴史の中で彼が私どもに出会い給う唯一の形であって、したがって私たちは「教会の外には啓示なし、信仰なし、救いの認識なし」と言うことはできる。また、言わなければならない。しかし、「教会の外には救いなし」というようなことは言うべきではない。ヨハネ福音書一〇章一六節の「私にはまた、この囲いに入っていないほかの羊もいる。私はその羊を導かねばならない」という御言葉が示しているように、教会の手に届かぬところにいる人々、神を呼び求めることのない人に対しても、神は、我々がまだ知らぬ仕方で配慮し給うだろう。従って「教会の外には救いなし」というようなことは言うべきではない。ただ言うことができるのは「キリストの外には救いなし」ということだけだとバルトは申します。しかしそのことは言うまでもなく、教会というもののもつ厳粛な意味を少しでも軽くするものではないことは、言うまでもありません（I／4、八五―八六頁）。

4 教会の建設――礼拝

これまで御紹介して来ましたように、現実の目に見える教会の中には教会の秘義が隠されている。教会は「イエス・キリストのからだ」という秘義が隠されている。「イエス・キリストにおける人間全体の義認と聖化の暫定的表示」が教会だという秘義が隠されている。この秘義は、あくまで秘義であって、目に見えぬ事実、信仰によってだけ知り得る事実であるわけです。この秘義は教会の目に見える姿によって隠蔽されている。そのような隠蔽状態は、世の終わりまで終わることはないでしょう。――しかしバルトはそのような隠蔽状態が最後まで続くということを語りつつ、一方でそのような隠蔽状態を破って真実の教会が「輝き出る」ということを語ります。真実の教会が目に見える姿で輝き得るということを語ります。それは勿論、暫定的なことにすぎない。しかしイエス・キリストにおいてすでに起こった聖化の暫定的な表示として、真実な教会が輝き出るということを語ります。ちょうど暗いネオンサインの電球の中に電源が通じることによって、ネオンサインの美しい文字が輝き出るように輝き出るということを申します（Ⅱ／4、一一一四頁）。

そのことを、バルトが聖化について述べる時に使っている譬えを借りて言えば、こういうように言うことができるでしょう。――ここに滔々と一つの方向に向かって流れている川がある。しかしそのような川のあちこちに逆流が起こる。すなわちその川の流れる方向とは逆の方向に向かう水の流れが起こる。そのような逆流が起こっても、勿論川の流れ全体の方向は変わらない。しかし、そのような逆流によって、我々は目に見えないけれども今すでに川の流れに逆らう風の力が川に対して働いているということを知ることができる。――ちょうどそのように終わりの日まで教会の隠蔽状態は続くけれども、しかしイエス・キリストにおいてすでに起こった人間全体の聖化を暫定的に表示するものとして、その隠蔽状態の中から真実の教会が輝き出るということが出来事として起こる。

バルトはこの出来事をⅠコリント書やエペソ書で大切な概念となっている「建設」とい

う言葉で要約します。そしてバルトはこの概念をIコリント書やエペソ書の重要な箇所を釈義することによって詳しく展開しているのですが、しかし、そのようなことを今詳しく申し上げることはできません。

ただどうしても言っておかなければならないことは、教会の建設ということをバルトが言う場合に、その中心は教会の共同の礼拝だということです。――教会が建てられるのは勿論、礼拝においてだけではない。しかし、教会は先ず礼拝において建てられる。礼拝においてこそ教会の一人一人は組み合わされた者として神の前に立ち、すべての者がすべての者に身を向ける。礼拝においてこそ、私たちは、教会に約束され、私たち一人一人に約束されたものに共に目を注ぎ共に進んでゆく。礼拝においてこそ私たちは共に結合された者として世に対して示され、礼拝においてこそ全人類についてすでに起こった聖化の暫定的表示としての教会の姿が示される。

勿論教会は礼拝以外でも建設されるけれども、しかしその場合でも、それは礼拝において建てられたものの拡大、あるいは変形にすぎないとバルトは申します（Ⅱ／4、四八頁）。

2 『和解論』Ⅲの教会論

1 『和解論』Ⅰ、Ⅱの教会論とⅢの教会論

以上申し上げたのは『和解論』第Ⅰ部と第Ⅱ部の教会論で、この後に第Ⅲ部の教会論が続きます。ところでバルト自身の説明によると（これは必ずしも教会論についてだけ言っていることではなく、『和解論』全体について言っていることですが）『和解論』第Ⅰ部、第Ⅱ部で述べて来たことは一六世紀の宗教改革の神学の枠の中での叙述であったということができます。それに対して『和解論』第Ⅲ部というのは、宗教改革の神学の枠を踏み越えたところにまで視野を拡げて展開しようとする。むしろ一六世紀に宗教改革者たちによって追放され抑圧され排除された考え方のもっていた真理契機を、ここで取り上げて展開しようとする。

そのことは今も言いましたように『和解論』全体についてそうなのですが――罪についての部分でも、和解の実現の部分でもそうなのですが、教会論についても同様のことを言うことができます。『和解論』第Ⅰ部、第Ⅱ部の教会論では、教会は「イエス・キリスト

における人間全体の義認と聖化の暫定的表示」というふうに規定されていましたが、その場合私どもの眼は何と言ってもイエス・キリストの十字架と甦りにおいてすでに成し遂げられた義認と聖化の事実に、主として注がれがちでした。また教会という場所だけに注がれがちでした。ところが、この『和解論』第Ⅲ部の教会論では、眼は将来に向かって注がれ、教会は終末論に方向づけられ、また教会という場所を越えて教会のこの世への派遣ということが問題とされ、また教会とこの世の関係が問題となって来ます（Ⅰ／1、二五五頁）。

したがってこの第Ⅲ部では、教会は、神の約束によって生きる群れとしての教会、聖霊の光に照らされることによって自らも世の光として輝く教会、神の国を人間全体の総括として宣べ伝える教会、したがって伝道の教会、しかしまたそれ故にこそ国家や社会の問題にも責任を負う教会、いつも人間の歴史の最後の地平線を望み見つつ歩む教会――そのような教会として展開されるわけです（Ⅰ／1、二六五頁）。

それは宗教改革以後、今日にまで及ぶ教会論の展開を総括するような形で述べられた部分で、今日の私どもにとっては特別興味深い部分なのですが、しかしその際、特に注意しなくてはならないことは（そしてバルト自身も読者の注意を促していることは）、バルトはこの第Ⅲ部の教会論を第Ⅰ部、第Ⅱ部を否定するというような形で述べているのでは決してないということです。つまり「第Ⅰ部、第Ⅱ部の教会はもう過去の教会論であって、現代的な教会論は第Ⅲ部の教会論だ」というようには決して言っていないということです。バルトは宗教改革者が教会について言っていることは基本的に正しいとした上で、彼らが語らなかったことが問題なのだと言っているわけです。つまり宗教改革者が言い残したことをここに展開するという自覚だと思います。したがって私どもも、この第Ⅲ部の教会論をこれだけがバルトの教会論だというように理解すべきではなく、第Ⅰ部、第Ⅱ部の教会論の上に立って、それを補完する教会論として理解すべきだと思います。

2 「イエス・キリストにおいて人間全体に対して発せられた召命の暫定的表示」としての教会

ところでこの『和解論』第Ⅲ部の教会論ですが、これは翻訳すると約四〇〇頁くらいになるはずで、第Ⅰ部と第Ⅱ部の教会論を合わせたよりも大きなものになるはずです。ですからこれをこれまでと同じ調子で御紹介しますと、少なくともこれまでと同じくらいの時間がかかるはずで、これは御紹介する私の方はいいとしても、お聞きになる方がもう相当にお疲れになるだろうと思いますので、うんと端折りまして、私どもにとって大切だと思われる骨子のようなところだけを御紹介するようにしたいと思います。

この『和解論』第Ⅲ部全体の構成から申しますと（お手許の印刷物の最初の表のⅢというところを見ていただくと大体のことは想像していただけるかと思うのですが）、先ずこの第Ⅲ部のキリスト論ではイエス・キリストは「神人」として把えられています。すなわち真の神にして真の人であるということを一人の人格の中に総括し給う方。――そのようなイエス・キリストです。そして我々にとっては、彼は和解を成就して下さった方、そしてその和解の事実を保証し、和解の真理を証しして下さる方、さらにそのような真理を私どもに告げて下さる方――したがってその働きとしては預言者としてのイエス・キリストだということができます。

そしてさらに、そのような方として彼は、そのような真理へとすべての人間を、さらにはすべての被造物を招き給います。虚偽という罪に陥っているすべての人間を招き給います。この真理の御言葉を聞き、真理の中に生きるようにと召し給います。ですからこの『和解論』第Ⅲ部では真理への召命が神の恵みの姿になるわけです。

しかし勿論すべての人がそのような神の招きに応じるわけではない。召命を聞くわけではない。聖霊はこの場合も、すべての人間の中からこの召しに応じる人々を選び給います。イエス・キリストの地上的・歴史的な存在の形としての教会を集め給います。そしてこの教会に「イエス・キリストにおいて発せられたすべての人間に対する召命」を暫定的に表示するということを委託し給うのです。

教会がこの世と違うのは何によってかと言えば、教会はイエス・キリストにおいてこの世の出来事の新しい現実に出会っているということです。教会はこの世の出来事について、何か新しい見方をしたり新しい考え方をしたりするのではない。この世の出来事についての新しい考え方を提案するのでもない。ただ教会は、神がこの世において成し遂げ給うた救いと解放の御業を知っている。神とこの世の和解の事実を知っている。人間がすでに義なる者とされ、聖なる者とされていることを知っている。そのようにして教会は、この世と人間の新しい現実を知っている。

勿論教会といえども、そのようなこの世の現実を、イエス・キリストにおいてしか知らない。しかし、イエス・キリストにおいては、この世の現実はもはや隠されたものではなく顕わなものであり、認識し得るものです。教会は彼を信ずることによって、この世の現実の究極の姿を知っている。そのことが教会を他の様々なものから区別する。そしてそのことが証しの力を与え、また証しの責任を与える。教会は、そのような自分に与えられたこの世の究極の姿についての知識を携えて、この世に派遣される（八二〇頁）。

3　世のための教会

ですから、『和解論』第Ⅲ部における教会論では、教会とこの世という二つのものの関係が主要な問題とならざるを得ません。この関連でバルトは、この第Ⅲ部の教会論で、教会は「世のための教会」だということを強調します。そしてさらに、この世のための教会ということが、nota ecclesiae だとさえ申します。nota ecclesiae というのは「教会の標識」とでも訳すのでしょうか。教会が真に教会であることの目印だと思いますが、nota ecclesiae として教会が一つであること、聖であること、公同の教会であること、使徒伝承の教会であることが挙げられています。また特にプロテスタント教会では説教が正しく語られ、聖礼典が正しく執行されることが nota ecclesiae とされて来ましたが、バルトは、教会が「世のための教会」であることが nota ecclesiae だということは、そういう教会の基本的な標識と並ぶものとして「世のためにある」ということを考えているわけで、大胆な言い方だと思うのですが、しかしなぜ教会が「世のための教会」であるということが、それほどに重要なことなのか。なぜそれが nota ecclesiae なのか。

それについてバルトが言っている基本的なことはこういうことだと思います。繰り返し申しますように、教会はイエス・キリストのからだであり、彼の地上的・歴史的存在の形ですが、そのイエス・キリストがどのような方であるかと言えば、彼は真の神で、真の人となり給うた方、この世をまた人間を回避することなく、むしろこの世と人間のために御自身を捧げ給うた方、すべての人間を御自身の身において義とし聖として下さった方――結局彼は徹頭徹尾世のためにいました方です。そのようなイエス・キリストのからだとして教会が地上に存在する場合に、教会はそのようなイエス・キリストの方向性と違う方向性をもって生きることはできない。「世のために」という方向性以外の方向性で生きることはできない。もしそれ以外の方向性で生きようとするならば、主としてのイエス・キリストとそのからだとしての教会の結合は破れたものにならざるを得ないわけです。それ故に教会が「世のための教会」であるということをバルトは、教会の nota ecclesiae と呼ぶわけです（九〇四―九〇六頁）。

勿論、教会は何よりも先ず神のために存在する。しかし神は何よりも世のためにいます。その場合、教会が神のために存在する時に世のために存在するより他はないわけです。また「世のために」というあり方以外のあり方で、教会は神のために存在することはできない。

山上の説教で、主は弟子たちに対して「汝らは地の塩なり」「汝らは世の光なり」と言われているわけですが、その場合に、汝らは地の塩であるべきだ、世の光であるべきだとは言われていない。すなわち弟子たちが地の塩であり、世の光であるということは、彼らの本質だというように言われているわけです。汝らが地の塩、世の光でなければ、弟子ではないというように言われていないわけです。

またこのようにも申します。教会は勿論この世の中から選び出された群れですが、この群れが再び世の中へと派遣される。世の中から選び出されて、世の中へ派遣される。その場合に、この「世の中から」と「世の中へ」という二つのことの間に何の停止もない。むしろその二つのことは同時に起きる。そこに教会がある。――そんなふうにも言っています。

ですから教会の栄光は、教会が自分の存在を「世のために」というあり方以外のものと考えるや否や失われてしまうと言わなければなりません。教会の栄光は、教会が教会自身のために存在しようとするや否や失われてしまいます。教会が自己目的となるや否や失われてしまいます。――教会や、また教会に属する一人一人のキリスト者によって経験される「平和」も、もしそれが教会という範囲に限定されれば（教会という範囲内で経験される平和に過ぎないならば）、それは空虚な平和だと言わなければならない。またイエス・キリストにおいて成し遂げられた義認と聖化も、ただキリスト者が受益者となるために起こったのではない。キリスト者がお互いにそれによって慰め合い励まし合うために起こったのではない。

前にも申しましたように、教会は全人類のために起こった義認と聖化を指し示す矢印のようなものとして立っているに過ぎない。その暫定的表示として立っているに過ぎない。教会はただ自分自身を超えたところを指し示すために立っているものです。聖霊の力は、教会を超えたところへと教会を導いてゆく。教会が、この聖霊の導きに身を委ねる時にだけ、教会はイエス・キリストの真の教会となるのです。

教会が世のためにある教会だということ——これは今日の日本では非常に一般化した教会の理解だと言うことができます。ことにわが信濃町教会では、一九五七年に「世のためにある教会」という主題で修養会が開かれました。それは戦後紹介されたWCCの神学の影響からだと思いますが、そのWCCの神学の源泉が今御紹介しているバルトのこのような考え方であったことも恐らく確かだろうと思います。その後、世のための教会という教会理解は、「世のための教会」というような言い方がなされない場合でも、非常に一般化しました。そしてそこには当然のことながら様々な逸脱やはき違えも起こったことは事実であろうと思います。しかし教会が世のための教会であるということが、教会の主であるイエス・キリストの人格に基づくことであり、「教会の標識」と呼べるべきものであるとすれば、そのような逸脱を警戒するあまり教会が世のためにあるという真理まで敬遠されたり、排除されたりしてはならないでしょう。むしろ教会は、本当に世のためにある教会として歩むべき道を歩まなければならないでしょう。

バルト自身この『和解論』第Ⅲ部の教会論の中で、教会教父のころから始めて宗教改革を経て一七世紀の正統主義の時代に至るまでの教会論の輪郭を点検して、それまでに教会について言われて来たことには一つの「欠落」があったと言っています。それは、それまで言われて来たことが間違っていたというようなことではないけれども、そのような教会がいったい何のために存在するのかということについては語られなかった。教会の意味と目的については語られなかった。いったい教会というものは自己目的なのだろうか。勿論そのようなことはあり得ない。もしそのようなことがあれば教会自身が神の国と同じものになってしまう。したがって少なくとも宗教改革者たちは、教会をそのようなものとしては理解しなかった。理論的には理解しなかった。しかし問題は、教会が実際的には、自己目的的なものとして理解されてはいなかったかということだと申します。教会が世のためにあるというよりは、世が教会のためにあるというような教会観がなかったかということだと申します。――そしてその点でカルヴァンの教会観にも疑問を提出しています。古典的な教会観は「聖なるエゴイズム」とでもいうべき病にかかっていたと申します。そしていずれにしても伝統的な教会論にはそのような「欠落」があるのであって、それは聖書的にも、福音の本質から言っても、ほとんど信じられないほどのもので、我々にはそのようなものをもったまま将来を展望することは出来ないと言っています（八七五―八七八頁）。

4　教会の奉仕

ところで、教会がそのように「世のための教会」である時に、教会は世に対して何をするのか、世に対する教会の奉仕とは何かということが次の問題です。バルトはこの第Ⅲ部の中で「教会の奉仕」という章を設けてそのことを詳しく述べていて、そこには神讃美、説教、訓練、伝道、それとは区別されたものとしてのミッション、神学、祈り、牧会、模範としての信仰者、ディアコニア、教会の預言者的な行動、共同体の基礎づけ――そういう項目を設けてその一つ一つについて詳しく述べているのですが、今それを申し上げることはできません。ここではただ、そういう具体的な問題に入ってゆく一つ手前の教会の基本的な姿勢のようなことについて御紹介をして終わりたいと思うのです。

a．世の現実を知る教会

バルトは先ず第一に教会は世が何であるかを知っている存在であり、教会はそのような教会に許されたこの世についての知識によって、この世を助ける――それが教会がこの世に対してなすべき第一の奉仕だと申します。

この世は神を知らない。それ故に人間を知らず、またこの世自身を知らない。この世は、自分がどこから来たかを知らず、自分がどこへ行くかを知らず、したがって自分がどこにいるかを知らない。しかし教会は聖霊の力によって、イエス・キリストの愛によって、この世を知り、また人間を知っている。すなわち神が彼らすべての神であること、彼らすべての上に神の全能の憐れみが支配していること、イエス・キリストが彼らすべてのために死んで甦り給うたこと――それらのことを、人間について知っている。またこの世について知っている。教会だけがそのようなこの世のリアリティーについて知っている。それを、教会はこの世に知らせなければならない。それが教会がこの世に対してしなければならない第一の奉仕であることは、言うまでもありません。

これはバルトが直接言っていることではなくて私自身がバルトの言っていることをパラフレーズして言うことですが、ですから教会が世のために存在する場合にしなければならない第一のことは、平和運動をすることや人間の差別の告発のために戦うことでもなくて、教会にだけ託された世についての知識を世に告げるということであるのは言うまでもありません。しかし、同時にそのことは教会は伝道だけしていればいいので、社会的関心などは二の次だなどということでないことは確かなことです。勿論バルト自身もそのようなことは考えていない。そのことは先程も項目だけを挙げた具体的な教会の奉仕の中でも「教会の預言者的行動」とか「共同体の基礎づけ」とかいう項目があったことからも分かると思いますし、「教会の政治的神奉仕」というようなことを言うのもバルトであることを思えば明らかであろうと思います。

問題は、世に対する教会の奉仕の中でのそれらの正しい位置づけであろうと思います。「世のための教会」という教会観の中で、先程申しましたような逸脱があるとすれば、恐らくその点についてでしょうし、教団でもそれらのことの正しい位置づけが行われないために、無用の混乱があると思います。

それはともかくも、教会はこの世のリアリティーを知っているということによって何よりもこの世に奉仕しなければならないわけですが、しかし、そのような教会のこの世についての知識は、聖霊の力によることであり、イエス・キリストの愛によることだということとは、これは人々の眼には見えない事実であり、教会自身の眼にも見えない事実であって、それは信ずるより他はない事実です。しかし、そのようにして教会に与えられている世についての知識そのものは、教会の存在を通し、教会の働きを通して、眼に見える形で示されなければならない。それがなされているか否かが、教会が真の教会であることの標識(nota ecclesiae)だとバルトは申します。

b．世と連帯する教会

それから第二に、教会が世のためにあるときに、教会はこの世と連帯するということをバルトは申します。その場合に、教会がこの世と連帯すると言っても、教会がこの世と同じものになるのではないことは言うまでもありません。教会が世と同じものになるということは、塩が味を失った塩になることであって、役に立たぬものとして人に踏みつけられるだけのことにすぎません。教会は世に対して開かれた眼を与えられた者として、そのような眼をもたぬ世とは決定的に同じものではないと言わなければなりません。しかし教会にそのような眼を与えてくださったのは神の愛であり、そのような愛はヨハネ福音書三章一六節によれば、「神はその独り子を賜わったほどに、この世を愛してくださった」と記されたその神の愛である以上、教会は、そのような眼を与えられた者であればこそ、世との連帯性を認識し、実証しなければなりません。教会が神の愛に与ろうとすれば、教会は神が愛し給うた世の側に立ち、世の只中に立つより他ありません。教会がこの世から逃亡するということは、神の愛から逃亡することと同じです。

先ほど言いましたように教会はこの世と同じではありません。教会とこの世の間には隔たりがあります。教会はこの世に対して否という言葉を語らざるを得ません。しかし教会がこの世に対して保っている距離が、もし教会とこの世との連帯関係から生まれたものでなければ――また教会がこの世に対して語る「否」という言葉が、この世との深い結合関係の中から生まれたものでなければ、教会は結局はパリサイ人がこの世に対して取ったのと同じ態度を取ることになるでしょう。

またバルトは、教会がこの世から自分を分離し、自分の清らかさを守ろうとすることによってこそ、この世と同じものになってしまうのだと申します。それは何故かと言えば、自分自身の命、自分自身の正しさ、自分自身のやり方のことだけを考えて、それに固執するということが、まさにこの世の姿だからです。教会もまた自分自身を守ろうとすることによって世と同じものになってしまいます。

ですから教会が教会であるということは、教会がこの世から自分を分離することによって示されるのではなくて、この世と連帯的でありこの世と結合されているということによってこそ、示されるのだと言うことができます。ですからバルトは教会のこの世との連帯性というものを「教会の標識」（nota ecclesiae）と言うのです。

c．世の責任を担う教会

それから第三にバルトは、教会はこの世に対して責任を負うということを申します。すなわち教会は世のためにある時、教会に与えられた世についての知識をもって世に奉仕するというだけではない、また世と連帯するというだけではない。さらに世の責任を負うとバルトは申します。

その責任というのは、勿論世界の創造者である神が取り給うような責任ではありません。そのような奉仕を、教会は負うことができないし、また負うべきでもありません。しかし、イエス・キリストにおいて神がこの世に介入されたということが教会の存在の根拠なのですから、教会なりの仕方で、また教会に許された限度の中でこの世に対して全面的に介入するように召されている。神と共に働く者として召されている。

従って、教会はこの世の経過に対して受け身であったり中立的であったりすることはできない。隣人に対する関係において中立的で何の働きもしない信仰は、イエス・キリストにおいて働き給う神に対する信仰ということはできないと、バルトは申します。

そしてバルトはこの場合にも、この世との連帯ということについて言ったのと同じことを申します。すなわち教会は、この世の責任を負おうとしないことによってこそ、この世と同じものだということを示すことになると申します。なぜかと言えば、この世というものはただ自分自身の助け手であることに満足するということによってこそこの世なのですから（あのルカ福音書一〇章の倒れた旅人のかたわらを通り過ぎた祭司、レビ人こそこの世の姿なのですから）。教会は、この世の責任を負おうとしないということによってこそこの世と同じ者だということを示すことになるのです。

しかし、この世はそのような祭司、レビ人を待っていない。すなわち自分自身を助けるが隣人を助けようとしない祭司、レビ人を待っていない。この世が待っているのは隣人を助けるサマリヤ人です。勿論教会はイエス・キリストというあの大いなるサマリヤ人ではありません、しかし、教会は、あの大いなるサマリヤ人によって、神に奉仕するように集められた群れです。そしてそのためにこの世に派遣された群れです。教会はそのような群れとして、あの大いなるサマリヤ人の後に従わなければならない。そのために――すなわち教会はこの世と違う徴を立てるために、この世の中に置かれている。
そのような徴が――すなわち教会はこの世の責任を負うという徴が nota ecclesiae であり、教会が真の教会である標識だとバルトは申します。教会は教会自身を越えて手を伸ばすことによって初めて教会として存在すると申します。そして祈りとかリタージーとか牧会とか聖書研究とか神学というような、一見教会内部に限定された働きと見えるものにおいてさえ、教会はいつも、この世の方へ、人間の方へ、身を向けているのだと申します。

終わりに

以上で大変不充分ですがバルトの教会論の紹介を終わります。ご参考になったかどうか、分かりませんし、ことにこの研修会の直接の目的である研究委員会として年間テーマを展開するということにも、どれだけ役立つか分かりません。ただ自分自身としてはこの紹介の仕事の準備の中でいろいろなことを教えられました。「教会とは何か」ということについて一番基本的なことを教えられたように思いますし、さらに「告白する教会」という年間テーマについても教えられたように思います。
バルトは教会というものを「イエス・キリストにおいて成し遂げられた人間全体の義認と聖化の暫定的表示」であると言い、さらに「同じく人間全体に対する召命の暫定的表示」であると言うわけですが、それは「イエス・キリストにおいて示された神の恵みを指し示すものとして、そのことをまだ知らない人間全体の中に、教会は立っていなくてはならない、それが教会へのこの中間時における委任だ」ということだと思います。「告白する教会」というのは、まさにそのような自覚をもった教会ということに他ならないと思います。バルトの場合には、そのような教会への委任の自覚は「教会がイエス・キリストのからだ」であるという教会にとって一番基本的な秘義から生まれているわけですが、私どもの場合にも、やはりこのような教会の秘義についての信仰が私どもの共通のものとならなければ、「告白する教会」と言っても、単なるスローガンに終わってしまうように思われるのです。

【一九七五年八月二四日　信濃町教会研修会講演】

K・バルトにおける教会と国家

先週はバルトの教会そのものについての考え方を御紹介しましたが、今日はそれに基づいて、バルトにおける教会と国家の関係についてお話しすることにしたいと思います。

先週も申しましたように、バルトの神学の背景にはいつも教会の問題があるわけで、そしてその場合、教会はいつも国家というものと対峙しているわけですから、潜在的には、初期のバルトから「教会と国家」という問題意識はあったわけですが、しかしそれが顕在化して来たのはそれほど早い時期ではありません。一九三八年（バルト、五二歳の頃）に『神認識と神奉仕』という題でスコットランド信条の講解をして、その第一九講「教会の政治的神奉仕」という題で、教会と国家の問題を論じています。これがおそらく一番最初であろうと思います。しかもこの同じ一九三八年には、この問題について彼が書いた一番代表的な論文、しかもバルトの数多い論文の中でも傑作の一つと言われている『義認と法』が発表されて、その後数多くの「教会と国家」に関する論文、その時々の政治に関する論文を書き続けたわけです。

一九三八年と申しますと、一九三三年から始まったドイツ教会闘争は既に五年くらいの時間を経過していて、バルト自身そのためにドイツを追われてスイスに帰って来ていた時期であり、翌年三九年には第二次大戦が勃発しています。ですからこの一九三八年以来のバルトの一連の論文が、ナチズムの台頭、ドイツ教会闘争、第二次大戦という激動の中で与えられた問題意識であったことは言うまでもないことです。

そしてまたそのような問題意識が、単に一人の神学者バルトの問題意識というだけではなくて、ドイツ教会闘争の指導的な神学思想となり、同時に一九三四年の『バルメン宣言』の思想的中核となったことも言うまでもないことです。そしてそれはまた第二次大戦後の世界のキリスト教会が教会と国家の問題を考える場合の出発点となり基礎となっているることも否定できない事実で、遠い日本の我々にも強い影響を与えているということが出来ます。

ところで、そういうバルトの教会と国家についての考え方をこれから御紹介するわけですが、この問題について彼が書きましたいくつかの代表的な論文を整理して御紹介することにしたいと思います。

1　教会にとっての国家の意味――国家の政治的神奉仕

バルトが中間時という言葉を使うことはご存じかと思いますが、中間時というのは何かと言えば、それはイエス・キリストの甦りを出発点として、主の再臨に向かって急ぐ時間、すなわち、私どもがこのように生活している地上の時間です。バルトは、イエス・キリストの十字架と甦りですべてのことは終わってしまったのに、このような中間時を設けられたのは、何のためかと言えば、それはそのような神の恵みに対する感謝と讃美の時、あるいは人間の側からの応答の時としてだと言うわけです。したがってそれは、言わば「教会の時」だということができます。すなわち神はこの中間時に教会を建てて、すべての人間のための恵みの業を、教会を通して、人々に知らせるのだと申します。

しかしバルトは、そのことを確認した上で、この中間時というのは単に教会の時ではないと申します。それは同時に国家秩序の時でもあると申します。

この中間時の中に教会と国家とが神によって建てられて、それぞれの固有性を保ちながら、それぞれに区別されながら、しかも決して互いに分離されないものとして、強い関連を保ちつつ並んで存在している。並んで存在しながら、共に主の再臨の日を待ち望んでいる。それが中間時であるとバルトは申します。

しかしその場合に、私どもにとって先ず問題になるのは、そのような教会と国家が中間時に並んで存在している場合、その国家というものがいったい教会にとってどういう存在であるのかということです。

新約聖書が語っているように、教会がこの中間時において待ち望んでいるのは、決して「永遠の教会」というようなものではなくて、「天国」あるいは「神の国」と呼ばれているもの、すなわち国家秩序の用語で語られるようなものであるということに、先ず注意しなければなりません。このことほど、国家というものに対する教会の高い評価、あるいは尊敬を示す事実はないとバルトは申します。

国家の方は勿論、何故教会が存在しなければならないかというようなことについて知らない。しかし――と言うよりもむしろそれならばこそ、いよいよ教会の方は何故国家というものが存在しなければならないかということを知っている。あるいは教会だけがそのことを知っていると言うべきかもしれません。——教会は人間が罪人であり、きわめて危険な存在であることを知っています。国家は勿論外面的・一時的・相対的な秩序に過ぎませんが、しかし教会はそういう外面的・一時的・相対的な秩序が必要だということを知っている。そしてそのような秩序が神によって与えられ、人間がカオスに対して保護されているということについて神に感謝するわけです。

しかし教会が国家というものを、そのようなものと考え、これを評価し、そのことを神に対して感謝するということは、決して国家そのものを神聖化するようなことでないことは言うまでもありません。しかし国家というものが、今申したようなものであるとすれば、それは言わば「神的な」存在だと言わなければなりません。「神的な」存在ということの意味は、国家というものが決して人間が人間の利益を守り、幸福を守るために設けた制度というようには考えられないということです。キリストの国と独立のものと考えることはできないということです。国家は単に人間の幸福や利益に奉仕するものではなくて、やはり神の栄光のためにも奉仕するものだということが出来ます。ですから国家は教会と同じように神の恩寵の秩序だということができます。あるいは教会と国家は同じ中心を起源にもっているのだということができます。

パウロがロマ書一三章一節で、「おおよそ存在している権威はすべて神によって立てられている」と言っているのは、その意味においてだとバルトは申します。もとより国家は外面的な正義や平和や自由の秩序に過ぎないわけですが、しかしそれにもかかわらず国家はそういう奉仕を通して神に仕えることを命ぜられている。それをバルトは「国家の政治的神奉仕」と言うわけです。つまり国家は、教会と異なった仕方によってではあるが、やはり教会と同様に神に奉仕するものとしてこの地上に置かれている。この中間時に置かれている。教会はこの事実に対して神に感謝するのです。

ですからバルトが教会と国家の関係を考える場合に、教会はあくまで教会であり、国家はあくまで国家であるということが大きな前提であります。それぞれには、それぞれ神から特別な委託を与えられている。教会には教会としての特別な委託があるのであって、教会はそれを他に譲り渡すことはできない。教会がもし教会としての委託を譲り渡すようなことをすれば、それは教会にとって災いであると言うだけでなく、国家にとっても災いだと言わなければならない。しかしまた一方、国家にも国家としての特別な委託が与えられている。その委託というのは、国家が何か教会のようなものになることでは決してなくて、具体的に人間の正義と平和と自由を守るという委託を与えられている。――このようにして、この中間時において教会と国家とはそれぞれ特別な委託を与えられて存在している。それぞれの仕方で神に奉仕している。それぞれの仕方でイエス・キリストに仕えている。しかも同じ中心に起源をもって存在している。――ですから、それを図に示せば、こういうことになるかと思います（左図）。つまりイエス・キリスト、あるいは神の国を中心とする同心円として示されるのです。

2　教会に対する国家の保証（自由）

ところでそのように教会と国家が、それぞれ異なった委託を与えられながら、共にイエス・キリストという一つの中心をもつ同心円として並んで存在している場合に、次に出て来る問題は、そういう国家が教会に対してどういう態度を取らなければならないか、どういう態度を取るのが正しいかという問題です。あるいは教会の側から国家に対して求めなければならないのは何かという問題です。バルトは、それは自由というものであり、自由

K・バルトにおける教会と国家

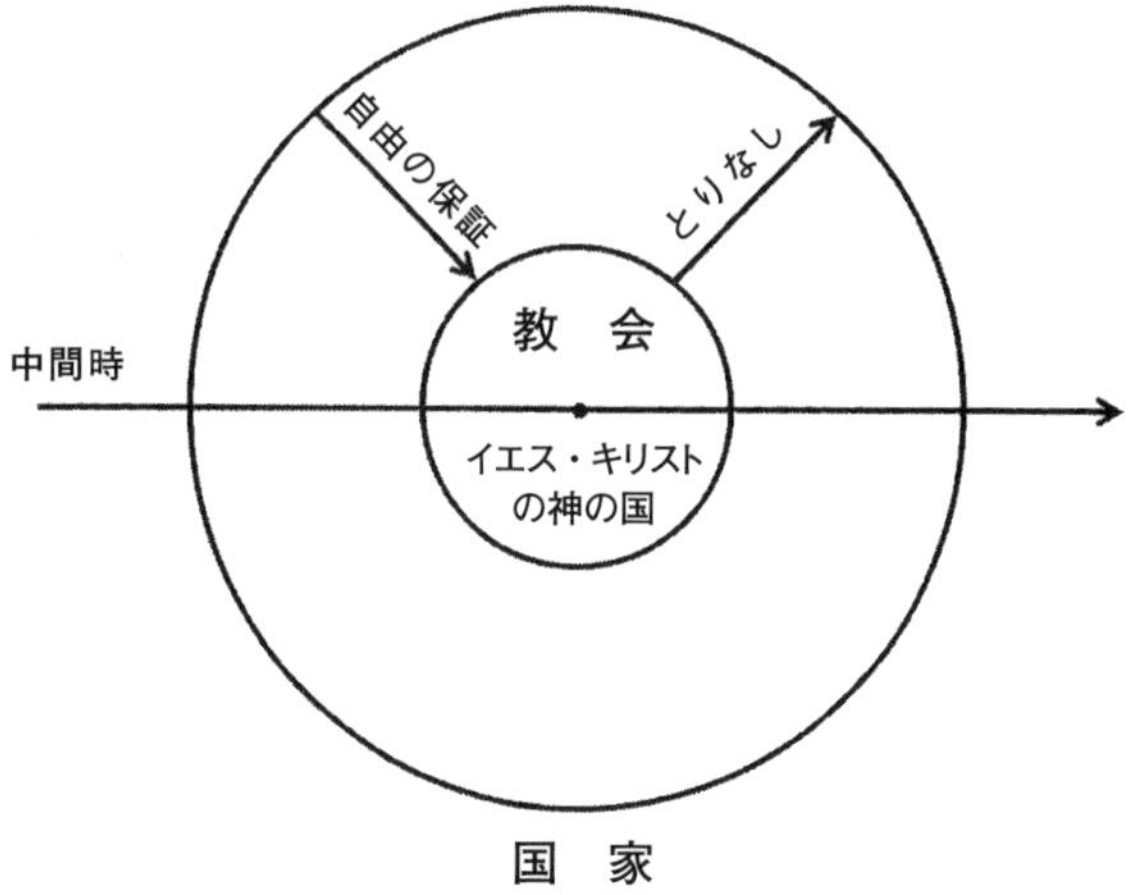

というものだけだと申します。国家が教会に与えなければならないこと、また教会が国家に対して要求しなければならないのは、自由であり、自由だけだと申します。

教会は、国家とは違う自分の使命を果たすためにどうしても自由を必要とする。教会はすべての人に対してその使命を果たすために、どうしても自由を保証されなければならない。徹底的に自由を要求しなければならない。

しかし教会はこの自由というもの以外に何も国家から要求する必要はない。国家から何か恩恵のようなもの、教会に対する好意のようなものを求める必要がないのは言うまでもありませんが、国家が何かキリスト教的な国家になったり、何か道義的な国家になったりすることを求める必要もない。

キリスト者の中には、国家は教会を保護し、恩恵を与え、またちょうど旧約の王たちがそういうことをしたように偶像崇拝を禁じたり、迷信を抑えたりすべきであって、そういう国家こそ正しい国家だというように考える人々がいるけれども、そういう考え方には神学的な誤りがあるとバルトは申します。

教会はそういうことを国家から期待すべきではなくて、教会が国家から期待しなければならないただ一つのものは自由だけだと申します。この自由を与えるということが、国家が教会に対する保証であります。

3　国家に対する教会の保証（とりなし）

しかしこのような教会に対しての国家の側からの保証に対応して、国家に対しての教会の側からの保証があります。このように国家の側からの保証に対応して教会の側からも国家を保証するという、このいわば国家と教会の相互保証というものを説明するために、バルトはⅡテモテ書二章一節以下の聖句を引用しています。

「そこで先ず第一に勧める。すべての人のために、王たちと上に立っているすべての人々のために、願いと祈りと、とりなしと、感謝とをささげなさい。それはわたしたちが、安らかで静かな一生を、真に信心深くまた謹厳に過ごすためである。」――このように書いてあるわけです。ここに「わたしたちが安らかで静かな一生を過ごす」というように言われていることが、何か市民的に幸福な生活をするというようなことでないことは明らかです。何故なら、そこに「わたしたち」と記されているのは、少し先の七節で「宣教者、使徒」と記されている「わたしたち」であって、そういう宣教者、使徒としての「わたしたち」が安らかで静かな一生を過ごすということは、彼らに与えられている使命を果たすために自由であるということ以外のことではないわけです。宣教の自由をもつということ以外のことではないはずです。ですから、このIテモテ書二章一節の聖句が私たちに語っていることは、結局、教会が国家からそのような自由の保証を得るためには、教会の方が国家のために祈るということをしなければならないということです。「王たちと上に立っているすべての人々のために、願いと、祈りと、とりなしと、感謝をささげなさい。」

すなわちこのIテモテ書二章の聖句によれば、国家が教会のために与えなければならないもの、教会が国家に要求しなければならないものとして「自由」というものがある。それに対応して、教会の側から国家に対してしなければならないこととして、国家のための祈りがあるということです。

このようにして教会と国家に関するいわば相互保証があるわけですが、しかしそれは勿論取り引きではない。交換条件というようなことではない。国家の側で教会に対して与える自由の保証が不充分なものであって、また全くそれがなくても、教会はいつでもそのような国家に対して自分が命ぜられた国家のための祈りをしなければならない。真剣に祈りをしなければならない。それは国家のための祈りということが何よりも教会自身のために必要なことであって、国家のための祈りを放棄するということは、教会が教会に託せられた義認の福音の宣教を放棄することになるからです。

ところで教会はそのように国家のために祈りをするわけですが、その祈りがこのIテモテ書二章一節では「願い、祈り、とりなし、感謝」という四つの言葉で書き分けられていますが、バルトはこの四つを「とりなし」という言葉で総括しています。教会の側から国家のためにしなければならない保証の行為を「とりなし」という言葉で代表させるわけです。バルトの場合には、教会の国家に対するすべての行為が、この「とりなし」という言葉を中心として展開されてゆくわけです。

ところでこの「とりなし」ということですが、先ず第一に言わなければならないことは、何故教会が国家のためにとりなしをしなければならないかと言うと、それは、国家というものは、神によって立てられ神によってその権威を付与されているものなのですから、いつも神を呼び求めなくてはならないはずのものです。しかし国家自身はそういうことをしようとはしない。それは異教的な国家だからそういうことはしないというのではなくて、国家というものは元々そういうことをしようとはしない。また出来もしないわけです。国家は、ピラトがイエスに対して「真理とは何ぞ」と問うているあの姿が示しているように、真理に対して無知なものであり、ニュートラルなものですから、国家が神を呼び求めるというようなことはしない。また出来ない。しかし教会は、神について知らされ、国家について知らされているのですから、国家が神によって立てられ、その権威は神によって与えられるものであることを知っているのですから、教会は神を呼び求めるすべを知っている。そのような教会が、神を呼び求めることを知らない国家に代わって、国家のために神を呼び求める――それが「とりなし」というものです。

しかしその際注意しなくてはならないことは、先ほど申しましたように、教会がそのように「とりなし」によって国家の保証を行うということは、国家の方で教会に対して自由という保証を与えるか否かということとは無関係になされなければならないということですが、しかしさらに、その国の代表者が、そのような教会の保証に価するかどうかということとも無関係になされなければならない。否むしろ、国家の代表者が教会の保証に価しないような存在である場合にこそ、教会の保証、すなわち「とりなし」は必要なわけです。

①国家の責任を担う教会（国家に対する「服従」）

ところでそのように教会が国家のために「とりなし」の祈りをするという場合に、その教会が祈るだけで働かないならば、その祈りは真剣な祈りとは言えないわけです。すなわち教会が国家のために「とりなし」の祈りをするとき、教会はその祈りにふさわしく働く。つまり教会は国家の責任を負うのです。そのことをパウロはロマ書一三章一節で「すべての人は、上に立つ権威に従うべきである」という言葉で表現したとバルトは言います。すなわち国家のために「とりなし」の祈りを祈る教会は国家に「従う」。国家に「服従」する。しかも繰り返し申しますように、その国家がどのような国家であっても教会の「服従」はそのようなことに左右されないのであって、教会はいつも国家に「服従」する。

しかし私どもがここで立ち停まって考えなくてはならないことは、その「服従」とは何なのかということです。ロマ書一三章一節で言われている「従う」とはいったいどういうことなのか。それに対してバルトが言っていることは、「服従」ということと「従う」ということは、教会が、またキリスト者が国家に対して闇雲に唯々諾々として服従するようなことではないと言うのです。もし服従ということがそういうことであれば、それは教会が自分に与えられた祭司としての機能を放棄することになるわけです。それは本当に教会が教会として国家に対して服従することにならない。国家が神の定めに反抗する国家であるような場合に、教会が唯々諾々として服従するならば、それは本当の教会の服従ということにはならない。

服従するということは、そういうことではなくて、教会が教会もその中で生きている国家の責任を回避しないで、それを共に担うことだとバルトは申します。国家が誤った道を歩んでいる場合、もし教会がそれに対してただ闇雲に従っているならば、それは国家の責任を共に担っていることにはならない。したがってそれは本当に国家に服従することにはならない。むしろ反対に国家に対する不服従になってしまう。

ですから教会はいつでも国家に対して従わなければならないけれども、服従しなくてはならないけれども、しかしその服従はその時々に応じていろいろな形を取るわけです。例えば国家が宣教の自由を否定するような国家である場合、そのような国家に対しても服従をやめることはできず、国家に対する尊敬を払うのをやめることはできないけれども、しかしまさにそれ故にこそ教会は国家の命令に闇雲に従うことはできないということが起こり得るわけです。むしろレジスタンスということが教会の行動となることが起こり得るわけです。国家に対する尊敬がむしろ批判という形をとることがあり得るわけです。

しかもそのレジスタンスには、受動的なレジスタンスも勿論あるけれども、つまり国家に対する受身的な抵抗によって国家の犠牲となる場合も勿論あり得るけれども、しかしレジスタンスは必ずしもそのような受動的な抵抗に限定されないとバルトは申します。キリスト者が力の行使に参与してはならないというようなことはないと申します。勿論我々はそういう力を行使しないで済むようにと神に祈ることはできるし、また祈らなければならない。しかし我々は神に対して従順でなくていいようにと祈ることはできないのであって、我々がこの未だ救われない世界に生きて、しかも神に対して従順であろうと願う場合には、我々は直接的にか間接的にか力の行使に関与せざるを得ない。そのようにバルトは申します。

このようにバルトは教会が国家に対してしなければならない奉仕を「とりなし」の祈りとして規定することから出発して、国家に対する服従ということを語り、さらにその服従ということを単なる闇雲な服従というような従来の考え方から解放して、レジスタンスということまでその射程に含むような広い展望の中で考えるわけですが、さらに彼はその国家に対する教会の服従という行為をさらに具体的に述べて行きます。

②「正しい国家」と「不正な国家」の識別

教会が国家に対して具体的に服従しようとする場合、すなわち具体的に国家の共同責任を担おうとする場合、教会は具体的な政治形態に対して具体的な決断をするということになります。すなわち教会は「正しい国家」と「不正な国家」の間に区別を行う。それを判別する。ロマ書一三章に述べられているような国家を判別する。そして甲の国家を選び、乙の国家を棄てるという選択を行う。そしてさらにその選択にしたがって甲に味方して乙に反対するということをする。——そのように教会は「正しい国家」と「不正な国家」の間に判別を行い、選択を行い、さらに一方に味方し他方に反対するということによって、具体的に国家の共同責任を担い、具体的に国家に服従するわけです。

そのように言う場合にすぐ起こってくる疑問は、教会が「正しい国家」と「不正な国家」を判別するその基準はいったい何かという疑問です。今日から見て「正しい国家」とはいったいどんな国家なのか。「不正な国家」とはいったいどんな国家なのかという疑問です。そのことを申すために、先ずバルトにおいて、その基準とはどのようなものでないかということから申し上げたいと思います。

先ずバルトにおいては「正しい国家」と「不正な国家」を判別する基準は、決していわゆる「自然法」的なものでないことは言うまでもありません。すなわち時と所を超えて普遍的に妥当する永久不変な理法というようなものをバルトは考えません。教会にも教会外の世界にも通用し、キリスト者もキリスト者でない者も受け入れることのできる一般的な法というようなものをバルトは考えません。

しかしまたバルトが「正しい国家」ということを言う時、それは決して教会に対して悪意をもたずむしろ好意をもってくれるような国家というようなものではありません。総じて「正しい国家」と「不正な国家」を判別する基準は、その国家が教会にとってどうであるかというようなことではないのです。またそういうものであってはならないのです。例えば一方にいわゆるキリスト教国があり、他方に無神論的な国家（すなわちソ連、中国のような国家）がある場合、教会の判別の基準は具体的にその国家が何をしているかであって、教会に対してその国家がどういう態度を取るかでは決してない。そういうものであってはならないのです。一般的に言って教会にとって教会自身というものは何ら目的ではない。ですから教会が「正しい国家」と「不正な国家」を判別するに当たって教会自身をその基準にしないということは最もキリスト教的なことだと言わなければなりません。勿論先ほども申しましたように、教会は国家に対して宣教の自由を要求しなければならない。しかし教会は国家にそれ以上のものを期待する必要はない。期待してはならない。それに教会が国家に対して宣教の自由を要求するというのも、それは何も教会自身のためではない。それは人間のためであり、国家のためなのです。

それからまた、バルトにおいては「正しい国家」というのは決して「教会のような国家」とか「教会化された国家」とかいうものでないことも明らかです。先ほども申しましたように、国家の権威は神によって建てられたものであり、国家には神的な意味があるわけですが、しかしそのことは国家が教会に近づいてゆくというようなことではなくて、国家には教会とは違った国家としての独特な委託がある。したがって教会が国家を「正しい国家」と呼ぶ場合にも、それは自分に与えられた独特の委託を忘れて教会らしいものになってゆく国家のことではありません。

しかしさらに大きな誤りは、「正しい国家」というものを何か次第に「神の国」に近づいてゆくような国家というように考えることです。教会は決して国家が「神の国」になるというようなことを期待しない。したがって「神の国」に近づいてゆく国家を「正しい国家」などとは考えないのです。「神の国」というのは、言うまでもなく神がすべてにおいてすべてであり給うところであり、最早何の蔭もなく、問題もなく、何の矛盾もないところですし、何のカオスも何の罪も存在しないところです。イエスが主であるということがあらわになるところです。そういう「神の国」を国家が知るということはない。先ほど申しましたように、国家は真理に対して無知な存在であり、ニュートラルな存在なのですから、すなわち国家が知っているのは精々自然法が教える「理想」というようなものに過ぎないのですから、そういう国家が「神の国」のことを知ることはない。まして「神の国」に近づいてゆくというようなことはない。もしそういうことを国家が考えるとすれば、それは自分の本質を裏切る行為だと言わなければなりません。またもし国家がそのような期待を教会からかけられたとすれば、そういう期待を拒絶するということによってこそ、むしろ「正しい国家」なのです。そのようにして、バルトが言う「正しい国家」というのは、決して教会化してゆく国家でもなければ、また「神の国」に近づいてゆく国家でもないということが第一に押さえておかなければならないことです。

しかしそのことと同時に言わなければならないことは、そのように国家が教会と混同されたり、神の国と混同されたりしてはならないけれども、しかし、国家が教会と単純に切り離されたり、神の国と単純に切り離されたりしてもいけないということです。国家は、国家自身はそのことを知らないけれども、やはりイエス・キリストを中心にもつ円であり、神の国を中心にもつ円なのです。また、教会との関係にしても、両者は別のものであるけれども、すなわち全く違った委託を与えられているけれども、しかしやはり共に神の国を中心とする同心円として無関係ではあり得ないわけです。

そこで積極的にバルトの言う「正しい国家」とは何かと言えば、それは、中心であるイエス・キリスト、あるいは神の国と全く違ったものでありつつ、やはりイエス・キリスト、あるいは神の国を中心にもつ円であることを示すような国家ということになります。あるいは別の言い方で言えば、「正しい国家」というのはこの中心を指し示すような国家、この中心の比喩であるような国家、この中心のアナロジーであるような国家、この中心に対応する国家ということになります。

バルトは、国家というものはイエス・キリスト、あるいは神の国を中心とする円であることによって、この中心の比喩であり得るということを言うわけです。しかしそれだけでなく、それと同時に、国家はどうしてもこの中心の比喩にならなければならないと申します。何故かと言えば、国家の存在というのはきわめて危険なもので、それはいつも堕落や崩壊の危険にさらされている。そういう国家がその正当性を保証されるためには、どうしても、あの中心の比喩とならなければならないわけです。

しかし国家が自分のイニシアティブでこの中心の比喩となることはできない。何故かと言えば、繰り返し申しますように、国家自身はこの中心について何も知らないからです。したがって国家は国家自身からはこの中心となろうと努力することはできない。正しい国家となることはできない。そこで教会の協力が必要となるわけです。教会が国家に対して共同責任を負うということが必要になってくるわけです。

教会も勿論神の国ではありません。あの中心ではありません。その点は国家と同様です。しかし教会は国家とは違って、あの中心について無知ではない。神の国について無知ではない。教会は真理に対して、国家のようにニュートラルではありません。したがって無力でもないのです。このような教会が国家に対して共同責任を負うことによって、教会は国家がそれ自身では不可能なことを国家に代わって行う。すなわち教会は国家に対して、国家自身は知らないあの神の国を指し示す。あの中心を想起させる。国家に対して「正しい国家」とは何であるかということを教えるのです。それが教会の使命であるわけです。この使命を旧約聖書によって、教会の国家に対する預言者的使命と言うこともできるでしょう。

ここでちょっと余談になるかと思いますが、これまで御紹介して来たような国家についてのバルトの理解、さらにその国家に対する教会の使命の自覚というものは、単にバルトだけのものではおそらくないだろうということを思います。私はマックス・ヴェーバーのことなど全く無知と言っていいのですが、そしてこのことも大塚久雄氏の紹介で教えられたのですが、マックス・ヴェーバーが同じことを考えていたということを知りました。その『宗教社会学論集』の中で、こういう言葉を書いているそうです。「人間の行為を直接支配するのは、宗教的理念ではなくて、経済的利害状況だが、しかし宗教的理念はしばしば転轍手《てんてつしゅ》（機関車の進行方向を変えるあの転轍手です）としてその軌道を決定し、その宗教的理念が決定した軌道に沿って、利害のダイナミックスが人間の行為を押し動かして来た」（大塚氏の言葉で多少補足してある）、こういう言葉です。私はマックス・ヴェーバーがこういう言い方で言っていることは、バルトの理解と同じことのように思えます。すなわち国家は国家自身の論理で動いてゆく。ヴェーバーはそれを経済的利害状況という言葉で言うわけですが、そういうもので動いてゆく。しかしそういう中で教会の使命とは何かと言えば、そういう国家という機関車の進行に対して、転轍手の役割を演ずること、レールを切り替えることであるわけです。

こういうことを言いますと、すぐに言われることは、ヨーロッパのような教会ではそういうことも考えられるかもしれないが、日本のような弱小な教会ではとても考えられないということですが、しかし私はそういう言い方はやはり間違っていると思います。バルトが国家に対する教会の使命として言っていることは、国家がどうあるべきかを知っているのは教会だけだということから来ているので、そういうことは教会の大小とか、社会的影響力のあるなしなどということとは何の関係もないことだと思います。植村正久が自分の使命を伝道者として規定すると同時に、「社会の木鐸《ぼくたく》」として規定したというその自覚は、バルトが言う教会の国家に対する使命とそれほど違ったものではないでしょう。

話しが少し横道に逸れてしまいましたが、教会は国家に対して共同責任を負うことによって国家に神の国を指し示し、国家が神の国を中心とする円であるにふさわしいものになるように教えるということをバルトは言うわけですが、つまり正しい国家として歩むべき道を示すわけですが、具体的にそれをどのようにして行うかと言えば、先ほど申しましたように、教会だけが知っている「正しい国家」の基準にしたがって、「正しい国家」と

るということによって、それを行うわけです。「正しい国家」に味方し、「不正な国家」に反対す「不正な国家」を判別し、選択を行い、「正しい国家」に味方し、「不正な国家」に反対す

バルトは一九四六年に有名な『キリスト者共同体と市民共同体』という論文を書いていますが、その最後のところで、今申しましたような基準に基づいて「正しい国家」と「不正な国家」の判別の例を、いくつか挙げています。そのいくつかの例を御紹介すれば、例えばこういうことを言っています。

教会が信ずる神は人となり給うた神である。そのことから必然的に出て来ることは、教会は政治の領域においても、どんな事物よりも人間を尊重する。その事物というのが、資本というものであったり、国民の栄誉というものであったり、文明の進歩というものであったり、いろいろであろうけれども、いずれにしてもそういう事物よりも人間を尊重する。したがってある国家が「正しい国家」か「不正な国家」を判別する一つの物差しは、その国家において人間が事物よりも尊重されているかどうかということになるわけです。

またこういうことも言っています。教会はルカ福音書一九章一〇節で、「人の子が来たのは失われた者を尋ね出して救うためである」という御言葉を聞いている。したがって教

会は、政治的領域においても、決して偽りの中立的態度を取らない。強い者と弱い者、富んだ者と貧しい者の間に中立的態度を取るというようなことはしない。教会はいつも弱い者、貧しい者、虐げられた者の方に目を向ける。したがってある国家が「正しい国家」か「不正な国家」かを判別する一つの物差しは、その国家において本当の社会正義が行われているかどうかという点にあると申します。

それは一、二の例に過ぎませんが、バルトは同じように「正しい国家」と「不正な国家」を判別する物差しとして、「自由」とか「平等」とか「平和」とか「協調」とかいうようなことを、すべて福音の中心から引き出して来るわけです。「神の国」の比喩として引き出して来るわけです。

以上申し上げたようなものが、バルトにおける「教会と国家」についての基本的な考え方ですが、このような基本的な考え方が形成されたのが、一九三三年に始まるドイツ教会闘争においてであったことは、最初に申し上げた通りです。そのドイツ教会闘争の中で、一九三四年に発表された『バルメン宣言』がバルトの執筆にかかるものであることはよく知られていることです。ことにその第五項が、ヨーロッパの政治思想史においても一つの画期的な文章であると言われているわけですが、次のような文章です。

『バルメン宣言』第五項（前半）

神を畏れ、王を尊べ（Ⅰペトロ書二・一七）

「国家は、教会もその中にある未だ救われぬこの世にあって、人間的な洞察と人間的な能力の量に従って、権力の威嚇と行使をなしつつ、正義と平和のために配慮するという課題を、神の定めによって与えられているということを、聖書はわれわれに語る。教会は、このような神の定めの恩恵を、神に対する感謝と畏敬の中に承認する。教会は、神の国を、また神の誡命と義を想起せしめ、そのことによって統治者と被統治者の責任を想起せしめる。教会は、神がそれによって一切のものを支え給う御言葉の力に信頼し、服従する。（以下略）」

これはバルトが起草したものですから、当然のことですが、これまで御紹介して来たバルトの「教会と国家」についての考え方を要約したような文章と言っていいと思います。先ず最初の「国家は教会もその中にある未だ救われぬ世にあって……」は「1　教会にとっての国家の意味」というところで紹介した事柄を要約した文章だと言うことができると思います。すなわち、先ほど申した言葉で言えば、国家は教会とは違った任務を与えられている、つまり外面的・一時的・相対的な秩序として人間をカオスから守るために、神によって立てられているということです。それに続いて「教会は、このような神の定めの恩恵を……」から始まって最後まで言われていることは、「3　国家に対する教会の保証」というところで紹介したことの要約だと言っていいと思います。すなわち教会は国家が神によって人間を守るものとして立てられていることを感謝して、本当の意味で国家の責任を負う。すなわち教会にだけ知らされている基準に基づいて正しい国家と不正な国家を判別することによって、国家にその中心を想起させる、イエス・キリストを想起させる、神の国を想起させる――それが、このバルメン宣言の語っていることであり、また同時にバルトの「教会と国家」についての考え方の中心です。

このバルメン宣言が語っていることは、一見きわめて抽象的で原理的なことのように思えますが、しかしこの一見抽象的で原理的なものがドイツ教会闘争を支え導き、パウル・シュナイダーやD・ボンヘッファーのような殉教者を生んだということを忘れてはならないと思います。

4　バルトの政治倫理の性格

1　キリスト論的

ところで、こういうバルトの「教会と国家」の考え方の特色、あるいはバルトの政治倫理の特色と言ってもいいと思いますが、それはどのようなものかと言えば、第一には徹底的にキリスト論だということ、あるいはキリスト中心的だということだと言っていいと思います。バルトの場合には、「教会と国家」についての考え方だけでなく、彼の神学全体の特色がキリスト論的であり、キリスト中心的だということは、よく知られていることですが、そのような特色が政治倫理の場合にも貫徹されていることであろうと思います。教会とは何かということも、国家とは何かということも、またその両者の関係も、すべてイエス・キリストという一点から光を与えられ、その一点から展開されているわけです。

そういうバルトの考え方は当然のこと、自明のことというようにお考えになる人がいるかも知れませんが、しかしそれは決して当然のこと、自明のことではないので、こういうバルトのキリスト論的な神学に対しては、ことにルター派の神学者などからは激しい批判があるわけです。したがってバルトのこういうキリスト論的な政治倫理に対しても当然激しい批判があるわけです。

そういうルター派の神学者は、それでは「教会と国家」の関係について、また政治倫理についてどのような考え方をするかと言えば、ルター派では昔も今もやはり（様々のニュアンスを伴ってではありますが）、あの「二王国説」というものが支配的だと言えます。これが果たしてルター自身に由来するものなのか、あるいはそうでなくて、後のルター主義と言われるものの中で形成されたのかということは、議論の分かれるところですが、いずれにしてもルターの中に後の「二王国説」を生み出すような萌芽があったということ、あるいは少なくともそれを押しとどめるような歯止めがなかったということは事実だと思われます。

この「二王国説」がどういうものかということを簡単に言うことは難しいのですが、それを単純に二元論と言ってしまうことはできないと思います。というのは、ルター派の人にしても人間のすべての領域が神の支配の下にあることを否定しないからです。しかし彼らは人間のすべての領域は神の支配にあるとしながらも、その支配の仕方には区別があると考えます。すなわち一方には、和解者・救贖者としての神の支配、すなわちイエス・キリストの支配の領域があり、他方にはそれと区別されたものとして創造者・保持者としての神の支配があるというように考える。すなわち一方にはイエスの愛による支配があり、他方には律法による支配があるというように考える。――そういう考え方からさらに進んで、内なる人と外なる人の分離が起こり、「キリスト者としての私」と「この世の権力の下に生きる人間としての私」の分離が起こり、信仰と政治の分離が起こり、教会と国家の分離が起こるということは、自然の勢いと言わなければならないと思います。そういう点は今日のルター派の代表的な神学者の場合でも同様で、パウル・アルトハウスだとか、H・ティーリケだとかいう人々においても、いろいろなニュアンスの違いはありながらも、やはりこの「二王国説」の流れの中にあることは否定できないことのように思います。これは宮田光雄氏の著書の中で読んだのですが、今日のルター主義神学者として知られるフラニー・ラウが「キリスト者がカイザルのもとに立つ限り、キリストの戒めに聞くには及ばない」と言っているのを聞くと驚かされますが、しかしそれは「二王国説」の流れの中にいる限り当然出て来る言葉と言うべきかも知れません。

ところでそういう「二王国説」的な考え方から、どういう結果が生まれて来るかと言えば、今言いましたような信仰と政治が分離され、教会と国家が分離されることによって、政治というものが、あるいは国家というものが何の掣肘《せいちゅう》も受けないで、何の歯止めもなしに一人歩きを始めるということです。自律的なものとして動き始めるということです。先ほど紹介したマックス・ヴェーバーの譬えで言えば、列車が転轍手のいないレールの上を自分自身の論理だけに従って驀進《まいしん》してゆくということです。第二次大戦においてあのような破局に突入して行ったドイツの姿は、ルター派の「二王国説」の帰結だとさえ言う人があります。バルトも、戦争中に書いた『オランダの教会宛ての手紙』の中で「ヒトラー主義というのは、ルター主義の遺産だ」と言い切っています。そしてそういうルター主義の流れに立つルター派の神学者たちが（アルトハウスとかエーラトといった高名な神学者たちが）実際的な行動においてもヒトラーを支持するようになったのは当然の帰結だと思われます。ルター派の神学者は、バルメン宣言が発表された直後、これに対抗して「真にルター的な見解」を示すために、一九三四年六月に『アンスバッハ勧告』なるものを発表するのですが、そのなかでヒトラーのことが「敬虔かつ忠実な主権者」と言われ、ナチス国家のことが「訓練と栄誉を持つ善き政府」と言われているわけですが、そのような今日から見て驚くべき逸脱も「二王国説」という誤った神学的な立場からの帰結だと思われます。

『バルメン宣言』第二項には「我々がイエス・キリストのものではなく他の主のものであるような我々の生の領域があるとか、我々がイエス・キリストの義認と聖化を必要としないような領域があるとかいう誤った教えを、我々は退ける」と記されていますが、ここに述べられていることは、「アンスバッハ勧告」に代表されるような「二王国説」とはまさに対蹠的なキリスト論的立場です。勿論我々はこういう『バルメン宣言』に関わった人々の間にもいろいろな動揺があり、分裂があり、問題があったことを知っていますが、しかしとにもかくにも『バルメン宣言』に加わった人々の方向性と『アンスバッハ勧告』に加わった人々の方向性を比較した場合、正しい神学的な立場が結局は政治的判断においても正しかったということ、そして誤った神学的立場は結局誤った政治的判断しか生み出さなかったということを知ることができます。それはあるいは当然のことかも分かりませんが、しかし私にはやはり私たちが忘れてはならないことだと思われます。

2 終末論的

そのようなバルトの政治倫理の性格として私は第一に「キリスト論的」ということを言いたいと思いますが、しかしそれに加えて「終末論的」ということを言いたいと思います。バルトが政治的領域を「終末論的」に捉えているということは、先ほど紹介したバルトの「教会と国家」についての理解によって明らかだろうと思います。主の復活と主の再臨に挟まれたこの中間時が教会の時であると共に国家秩序の時として理解されていること、そのような中間時において国家には教会とは違った任務が神によって与えられているということ、すなわち国家は外面的・一時的・相対的な秩序として、人間をカオスから守り、教会と共にイエス・キリストを中心とする同心円を形成しつつ終わりの日に向かって進んでゆくということ――そのような理解は、まさに「終末論的」と言うにふさわしいものだと思います。

ところで、バルトが国家というもの、政治的領域というものを、そのように終末論的に捉える場合に、そのような国家に対する教会・キリスト者の在り方も――すなわちその政治倫理も終末論的なものになるのは当然のことです。

すなわち、国家が今申しましたように終末論的な存在として、外面的・一時的・相対的な秩序として私どもに与えられているものであれば、私どもはそのような神の配慮に感謝するけれども、しかし国家そのものを絶対化したり崇拝したりすることはしない。むしろそういうことを禁じます。すなわち私どもが国家を終末論的秩序で見る時にこそ、国家を絶対視したり、崇拝したりしないで、むしろそれを冷静に、客観的に見ることができる。それを覚めた眼で見ることができる。それをバルトはニュヒテルンという言葉で言っています。ニュヒテルンというのは「酒に酔わずに」「しらふで」ということです。すなわち終末論的視点で国家を見るときにこそ、私たちはうっとりと酒に酔ったような態度ではなく、しらふの人間として、それに対することができるのです。

バルトは第二次大戦後三年ほどたった一九四八年に、ハンガリーの改革派教会を訪問しました。ハンガリー改革派教会というのは、以前からバルトと関係の深い教会で、バルトの強い影響下にあった教会ですが、ここでバルトは「国家秩序の転換裡にある教会」という講演をしています。この講演の中でバルトが言っている一つのことは、こういうことです。イエス・キリストの教会はイエス・キリストの死と甦りから出発してその再臨に向かって歩いてゆく。そういう教会にとって決定的な転換は、もうすでにイエス・キリストの死と甦りにおいて起こってしまった。我々を驚かすこと、我々を魅了することはもう起こってしまった。またそういう教会にとって決定的な転換はやがて主の再臨において起ころうとしている。我々を本当に驚かすこと、我々を本当に魅了することはそこで起ころうとしている。そういう二つの大きな出来事の間を旅している教会は、この中間時の中で国家秩序の様々な転換に出会うけれども、しかし主の死と甦り、主の再臨という本当に驚くべきことを知っている教会は、そういう様々な転換によって驚かされない。また主の死と甦り、主の再臨という我々を本当に有頂天にする出来事を知っている教会は、様々な転換によって有頂天にならない。それは無関心になるとか冷淡になるとかいうことでは決してないけれども、そういう様々の国家秩序の転換によって驚かされたり、有頂天になったりすることはない。そういう出来事を、あの大きな転換の徴として真剣に考えるけれども、それを何か決定的なこととは考えない。そしてそういう出来事に対して本当に自由であることができる。教会はどんな国家秩序とも自分を一つにしない。結合することはしない。教会は自分自身の基準にしたがって、その都度都度、自由に然りを言い、否を言う。今日革新的であって明日保守的であることもできる。教会は日毎に新しく仕える主を知っているのだから、どんな政治的プログラムにも縛られることがない。いつも自由に、冷静に、ニュヒテルンに、ユーモアをもってすべての政治的な出来事に対処するすべを知っている。――そのようにバルトはその講演で言っています。私はそういうものが終末論的な政治倫理というものだと思います。

ですから、こういうように言うことができると思います。バルトの政治倫理は、一方ではキリスト論的であることによって、国家の問題、政治の問題を積極的に引き受けてゆくという姿勢が生まれて来ます。すなわちルター主義におけるような悪しき二元論に陥って、国家の問題、政治の問題をキリストの支配の外に置いて、それを政治の論理、国家の論理の自律性に委ねてしまうということをしない。あくまで教会の責任の問題、信仰の問題として引き受けてゆくという積極的な姿勢が生まれて来ます。

しかしまた一方、バルトの政治倫理は終末論的であることによって、本当に冷静に政治の問題を眺めることができるわけです。政治には政治の論理があり、国家には国家の論理があるということを忘れない。宗教改革時代にシュヴェルマーという名で呼ばれた熱狂主義者たちのように聖書の言葉を直ちに政治の問題に持ち込むというようなことをしない。

そのような悪しき一元論からも免れているわけです。

そういうバルトの政治倫理を何という名で呼んでいいのか知りませんが、それは先ほど紹介したマックス・ヴェーバーの譬えにおける転轍手の姿に似ていると言うことができます。国家という列車は列車自身の論理に従って進んでゆく。しかしその進路が危険に面した時に、信仰はそのような列車の進行に対して、信仰者だけが知っている知識に基づいて警告を語るのです。したがってそれは預言者的と言うこともできるでしょう。

5　日本の教会におけるバルトの政治倫理の意味

以上でバルトにおける「教会と国家」についての考え方、バルトの政治倫理についての紹介を終わるのですが、しかし私は日本の教会の状況の中で、バルトのこういう考え方がどういう意味をもっているのかということを最後に少し考えてみたいと思います。

終戦後三十数年の教会の歩みの中で、様々な問題が論じられて来ましたが、少なくともその一つが教会と社会の関わりの問題であったことは否定できないと思います。それはこの三十数年の歩みの中でいろいろな形をとって現われて来ました。ある時期にはキリスト教と共産主義の問題として、ある時期にはキリスト者の社会的責任の問題として、ある時期にはキリスト者の平和運動の問題としてというように様々の形をとって来ました。しかしそれは一九六〇年代の半ば頃までは特殊なキリスト者の特殊な問題というように考えられていたと思うのですが、一九六七年にいわゆる「戦争責任告白」が発表されるに及んで、この問題が急に教会全体の問題になったという印象を私はもっています。そして「戦争責任告白」の発表後数年して万国博覧会にキリスト教館を出展するという問題が出て来ると共に、これが教会の根底を動かすような問題となって、それが今日になってもまだ解決されていないというのがありのままの事実だろうと思います。

私は戦後の日本の教会でこのように教会の社会に対する関わりの問題が大きな問題になって来たということには、当然の理由があると思うのです。それはこういうことです。教会が社会に対してどうあるべきかという問いは、実は戦争中の日本の教会が直面した問題であったわけです。本当はあの時点で日本の教会はこの問題に答えを出すべきであった。もしあの時点で日本の教会がその存在をかけて答えていたならば、今日のような事態にはならなかった——少なくともその事態はよほど違ったものになっていたはずだと思います。

しかし残念ながら、日本の教会はあの時点で問題を回避した。ドイツの教会が教会闘争を通じて答えたようには――少なくとも答えようとして真剣に努力したようには、日本の教会は答えることができなかった。その答えは戦後に持ち越されたわけです。その問題が「戦争責任告白」、万博キリスト教館問題を契機として今ここで噴き出しているのだと私は理解しています。ですから端的に言えば「今日、日本の教会がこのように混迷に陥り苦しんでいるのは、戦うべき時に戦い得なかった教会が、今その刈り取りをしているのだ」と、そのように理解しています。

一九六九年以降起こったことをどのように評価するかは様々でしょう。しかし少なくもそこではやはり起こるべきことが起こったのだという理解は必要だろうと思います。教団議長であった吉田満穂牧師が「神からの問いかけ」という言葉で言われたことがありましたが、やはりこれをそういうものとして受け止めることが必要だろうと思います。そして戦争中答え得なかったこの問題に、今こそ正しい答えが出されなければならないと思うのです。そしてそこで正しい答えが出されるということが、日本の教会の将来にとって、日本の教会の再建にとって是非とも必要なことだと思います。

しかしどこにそのような正しい答えがあるのかということになると、私などははなはだ悲観的にならざるを得ません。私は一九五〇年頃から――ということは、日本の講和条約締結の頃から、また朝鮮戦争の頃からということですが、自分自身の一つの課題としてこの問題を考えて来たのですが、その後今日までこの問題についてはいろいろな考え方に接して来ました。

教会は福音宣教、教会形成の場であって、教会の中に政治の問題、社会の問題を持ち込むべきではないと考える牧師や信徒は非常に多いと思います。それは神学的にそうすべきでないと考えている場合もあるでしょうし、また実際的配慮から、つまりそういう問題を持ち込むと教会の平和が乱されがちだというような実際的配慮からそうしている場合もあるでしょう。そういう考え方を一方の極として、それと反対の極には、教会というものを、それが社会的にどのような有効性をもっているか、つまり社会の前進にどれだけ役立ち得るかというような観点からだけ見てゆこうという人々も決して珍しくはないわけです。私はかつてある集会で、関西から来たある若い牧師が、「教会というところは信仰の一致で集まるところであると言うよりは、むしろ社会的視点の一致によって集まるところだと、自分は理解している」という発言をしているのを聞いてびっくりしたことがあります。そしてそういう両方の極端の間には、実に種々雑多な考え方が渦巻いているように私は思います。

今両方の極と申したような理解が間違っていると思うのは、信仰と政治、あるいは信仰と社会という二つのものが私どもの前にあるときに、一方を考える場合、他の一方を括弧の中に入れてしまうのでは正しい答えにならないと思うのです。あるいはその両者を切り離してしまうのでは、正しい答えにはならないと思うからです。かつて赤岩栄牧師が共産党入党を決意された時に、御自分の考え方を説明して、「信仰は信仰、社会的実践は社会的実践」と言われたことがあります。どういう社会の在り方が正しいかということを考える場合には、社会科学に聞けばよいので、信仰の言葉を持ち出すのは間違っていると言われた。そういうように考える人は赤岩牧師だけではなくて、たくさんいると思うのですが、しかしそういう答えは答えにならない、問題の正しい解決にはならないと思うのです。もしそこに正しい答えがあるとすれば、私は、例えば金属の棒の一方の端を叩くと、その響きが他方の端にも伝わってゆくように、私たちの信仰と私たちの政治的責任と、その二つのものの違いがはっきりと見据えられた上で、その関連が示されるような、そういう答えでなければならないと思います。

御紹介したようなバルトにおける「教会と国家」の関係についての理解、バルトの政治倫理の考え方は、いろいろな点で修正されなければならないと思います。例えばロマ書一三章の最初の部分についてバルトが『義認と法』で示しているような理解については修正されなければならないようですし、また同じバルト陣営の中でも、例えばエルンスト・ヴォルフというような人の修正もあるようです。そういう様々な修正は必要であるにしても、紹介したような「教会と国家」についてのバルトの考え方は、基本的に正しいとしなければならないように思います。少なくも私にはそのように思われます。

日本のキリスト教会では、バルトのそういう考え方はあまり人気がないというか、あまり歓迎されない考え方です。私の経験で言いますと、私はこれまでバルトの翻訳をかなりたくさんして来ましたが、バルトの翻訳を出せばある一定の読者があって何千部かは初版で必ず売れるということがあるわけです。ところがバルトの政治・社会に関する著作だけは非常に売れ行きが悪いという事実があります。その原因は大体明らかだと思うのですが、日本ではバルトを読む人は多くても、そういう人々は政治・社会の方面でのバルトにはあまり関心を示さない。そしてまた一方、キリスト者で社会的関心をもっている人々も近頃はずいぶん多くなってきましたが、しかしそういう人々は、バルトの言うような教会と国家との関係についての面倒な議論には、あまり関心がないということだろうと思うのです。

しかし私は日本の教会の健全な前進のためには、彼が言っているようなことが共通の認識となることが、是非とも必要なことのように思われるのです。

【一九七五年九月九日　信濃町教会研修会講演】

証人としてのキリスト者

お話しに入る前に、お断わりしておかなくてはならないことが、いくつかあります。その一つは、これからお話しすることは、「証人としてのキリスト者」という問題についての私の意見ではなくて、カール・バルトがこの問題について言っていることの御紹介だということです。私はバルトの『和解論』という書物を長年かかって翻訳して来まして、この夏ようやくそれが完結しました。その一つの章として「証人としてのキリスト者」という章があります。その本の校正をする仕事の中で森岡巌長老が読まれて、この部分は教会が年度主題として掲げている問題、また修養会の主題とも深い関わりがあるので、教会員の方々にも知ってもらいたいと言って来られました。それは私も翻訳しながら感じていたことで、全く同感でした。そういう森岡さんのお考えが口火だったと思いますが、先月から は小川圭治長老の指導でその部分の読書会も始まりました。そういう試みの一つとして、バルトが「証人としてのキリスト者」について何を言っているかを紹介するように、修養会委員会から命ぜられました。しかし学習会も始まるのですから、その梗概《こうがい》をここでお話しするというだけでは仕方がないと思います。それで、この「証人としてのキリスト者」の部分は非常に長い『和解論』のごく小さな一つの章に過ぎないのですから、その章を中心とした前後の部分でバルトがどういうことを言っているかについて御紹介したいと思います。

それからこれもお断りしておきたいことは、これから申し上げることはすべてバルトの意見ですが、ただそれを一々「バルト先生曰く」というふうに言っていては煩わしいので、それは致しませんが、そういうものとしてお聞きいただきたいと思います。

1

先ず話しは「イエス・キリストとはどういう方か」ということから始まるわけです。イエス・キリストとはどういう方か。古代教会以来、代々の教会は彼を「真の神にして真の人」という言葉で言い表わして来ました。今日の私どもにとっても、彼は真の神にして真の人であることに変わりはありません。私どもは先ずそのことを確認しましょう。

彼は第一に真の神である方です。しかもその真の神であるイエス・キリストは、そういう真の神でありつつ低く降って私ども人間の兄弟となり、人間の傍らに立ち、僕となり、人間に代わって審かれ、死に渡され給うことによって、私どもの救いを全うしてくださった方であることは言うまでもありません。そして私どもを神の前に義なる者としてくださいました。私どもの義認を実現してくださいました。彼はそのような徹底的なへりくだりによってこそ真の神であることを示されました。彼はこのような徹底的なへりくだりによってこそ真の神であることを示されました。そのような僕としての主ということが、イエス・キリストの第一の在り方です。そのようなへりくだられるイエス・キリストの姿については、私どもがよく知っているあのフィリピ書二章で「キリストは、神の身分でありながら、神と等しい者であることに固執しようとは思わず、かえって自分を無にして、僕の姿で現れ、へりくだって、死に至るまで、それも十字架の死に至るまで従順でした」(二章六―八節)と言われているとおりです。

しかしイエス・キリストは単にそういう方ではありません。すなわち、単に低くへりくだり給うた真の神というだけではありません。また僕としての主であるだけではありません。彼は同時に神のもとにまで高く引き上げられ給うた真の人であります。彼は私どもと全く同じ人間として生きまた死に給いました。彼は私どもと全く同じ方でありつつ、同時に私どもと全く異なった方であり給いました。すなわち彼は私どもと同じ人間でありつつ、私どものように神に対して罪を犯さず、神に対しての全き服従を献げた方であり給いました。そしてそのことによって、彼は私どもと同じ人間でありつつ、神に喜ばれる人間であり給いました。すなわち彼は今申しましたピリピ書二章のあの続きの部分が語っているように「神は、キリストを高く上げ、あらゆる名にまさる名をお与えになりました」。しかも彼がこのように高く引き上げられ給うのは、単に彼お一人のことではなくて、私どもすべてに代わって引き上げられ給うのですから、私どもすべての者が引き上げられています。Iペトロ書一章一六節に引用されたレビ記一一章四四節の言葉が語っているように、「私が聖なる者であるから、あなたがたも聖なる者になるであろう」とある通りです。それが私どもの聖化と言われている事柄です。

以上申し上げたような方がイエス・キリストです。もう一度繰り返して申しますと、真の神でありながら、私ども人間のもとにまで低く降り給うた方。そして私どもの義認を全うしてくださった方。そういう方であると同時に、彼は真の人である方です。そしてそのような真の人でありながら、その全き従順によって父なる神の御許《みもと》にまで高く引き上げられた方。そしてそのことによって私どもの聖化を全うしてくださった方。そのような方がイエス・キリストです。

そのような神から人間への無限の下降、そして人間から神への無限の上昇。そういう二つのことがお一人の身において同時に起こっている方。それがイエス・キリストです。このイエス・キリストにおいて、神は私どもすべての人間に身を向け、すべての人間に出会い給いました。それと同時にこのイエス・キリストにおいて、私ども人間は神に身を向け、神に出会いました。聖書はこうしてイエス・キリストを「仲保者」という名で呼んでいます。神はそういう仲保者イエス・キリストにおいて私どもの救いを全うしてくださいました。私どもが私ども自身の罪によって神と不和に陥り、隣人と不和に陥り、自分自身と不和に陥っていた、そのような悲惨な状態を神は修復してくださいました。それが私どもに対する神の救いの御業でありました。

そのような方がイエス・キリストであり、そのようなイエス・キリストにおいて起こったことが私ども人間の救いというものです。それ以上に何を付け加えるべきものがあるでしょうか。それ以上に言うべきことは何もないはずです。しかし不思議なことにと申しますか、聖書が私どもに告げているイエス・キリストの姿は、実はそれに尽きないのです。イエス・キリストが私どものためにしてくださった働きは、今申し上げましたような救いの御業だけでは終わらないのです。すなわち義認と聖化だけでは終わらないのです。

今申しましたようなイエス・キリストが私どものいる低い所にまで降って、私どもの義認を実現してくださったということ、それを昔から祭司としてのイエス・キリストと呼んで来ました。そして私どもに代わって神の右にまで引き上げられ、私どもの聖化を実現してくださったイエス・キリスト、それを昔から王としてのイエス・キリストと呼んで来ました。しかし宗教改革の頃からそういう祭司としてのイエス・キリスト、王としてのイエス・キリストに並んで、さらに預言者としてのイエス・キリストということが言われるようになりました。つまり、イエス・キリストは単に祭司であり王であるだけでなく、預言者でもあり給う方ということが言われるようになりました。――それは勿論宗教改革者が考え出したこと、発明したことではありません。彼らは聖書が証ししているイエス・キリストの働きの中で、単に祭司また王としての働きだけでなく、預言者としての働きをも見出したと言うべきでしょう。聖書においてはイエス・キリストが預言者としても記されているのを発見したと言うことでしょう。

預言者としてのイエス・キリストと申しましても、勿論それはイエス・キリストがイザヤやエレミヤと同じような預言者の一人だなどということではありません。それはちょうど預言者が真理を語るように、イエス・キリストも真理を語り給うということです。しかもその場合の真理というのはイエス・キリスト御自身に他ならないのですから、イエス・キリストは御自身について語り給う方だということです。あるいはこういうようにも言っていいでしょうか。イエス・キリストは真理ですが、このイエス・キリストという真理は決して沈黙した真理ではなくて、御自身を語り給う真理だということです。

真理にもいろいろな真理があります。2プラス2＝4だというのも真理です。地球が太陽の周りを回っているというのも真理です。しかしそれらの真理は沈黙した真理であって、決して自分自身について語ろうとはしません。しかしイエス・キリストという真理は、そうではなくて、彼は私どもの方に身を向けて、私どもに語りかけ給う真理です。したがってちょうど預言者たちが真理の証人であるように、彼は真理である御自身を証しされる方、真理である御自身の証人です。そして御自身の真理を保証される方です。

このことを裏付ける聖書の箇所はいくつもあるに違いありません。しかし一番典型的な箇所は、やはり何と言ってもヨハネ福音書の冒頭の部分――「初めに言があった。言は神と共にあった。言は神であった」（一・一）というあの部分に違いありません。そこでイエス・キリストが言として言い表わされているということがすでに、イエス・キリストという真理は沈黙した真理ではなくて、外に向かって語りかける真理であることを示していますが、さらに四節では「この言の内に命があった。命は人を照らす光であった」と言われます。そしてその光は決してイエス・キリストの中に閉じ込められた光ではなく、「光は暗闇の中で輝いている」（五節）と言われているように、イエス・キリスト御自身を突破して、イエス・キリスト御自身を突き抜けて闇の中に輝く。そこではイエス・キリストはそのような方として証しされているわけです。まさしく預言者としてのイエス・キリストの姿が証しされていると言うことができます。

したがってイエス・キリストは単に祭司であり王であるだけではありません。彼は預言者でもある方です。あるいは、彼は単に私どもを義とし聖として、私どもの救いを全うしてくださった方というだけではありません。彼は御自身を啓示される方です。真理である御自身を私どもに知らしめ給う方です。ですから私どもは彼こそ真の証人であると言うことができます。

イエス・キリストは、ヨハネ福音書一九章三〇節によれば、十字架で最後の息を引き取られる時に「すべてが終わった」と語られました。この御言葉が示しているように、彼の十字架の死によって「すべては終わった」のです。神が人間の救いのために計画されたことは、十字架によって完了し、人間と世界の救いのために起こるべきことは、イエス・キリストの十字架の死によって起こってしまったのです。それに何かつけ加える必要がないというほどに完全に起こってしまったのです。しかもそれにもかかわらず、もしイエス・キリストのこの地上での歩みが十字架で終わってしまったならば、私どもはそこで起こった事柄の意味を全く知ることができないまま、闇の中に放置されたままであったことでしょう。そのような私どもに対する憐れみから私どものために起こったことが、イエス・キリストの甦りであったと言うことができます。ですからⅠペトロ書一章三節では「神はこの豊かな憐れみによりイエス・キリストを死人の中から甦らせ、それにより……」と言われています。ちょうど真っ暗闇の中を歩いていた私どもの頭上で突然稲妻が光って、あたりの風景を照らし出すことで、今どこからどこへと歩いているのかが分かるように、私どもは主の甦りの光によって、イエスの地上での戦いと死によって起こったことが何だったのかということを知るのです。そこで起こったことが他のことではなくて、私どもと世界の救いのためであったことを知るのです。

そのようにして、彼こそが真の証人であり、彼だけが真の証人です。彼だけが彼御自身がそれである真理について証し給います。そのような真理について他の誰が語ることができるでしょうか。人間はそのような真理について証しするに値しないものです。そのことをすべての真実な預言者も使徒もみな知っていました。そのことを知るためには、私どもはイザヤやエレミヤの召命の記事を思い浮かべるだけで十分でしょう。「私は汚れた唇の者。汚れた唇の民の中に住む者」（六・五）というのは、単にイザヤだけの嘆きではありませんでした。

そのようにイエス・キリストこそただ一人の真の証人であり給うのですから——そして

人間は証人たるに値しない者なのですから、神は証人としてのキリスト者などは少しも必要とされないはずです。証人としてのキリスト者などはいなくても、神の永遠の昔からの御計画は完成されたはずです。それなのに何故か、神は預言者を起こし、使徒を起こし、キリスト者を召し、教会を建て給います。そして彼らに対して、神の真理の宣べ伝えを命じ給います。怖じ恐れるイザヤに対して、またエレミヤに対して証人としての召しが語られます。またペテロ、ヤコブ、ヨハネというような人々に対して、彼らにそういう能力があるかないかというようなことは問題にせずに、また彼らの方にそういう意志があるかどうかというようなことも全く問題にせずに、単純に「我に従え」と言って証人としての召しが語られます。そして同じ召しは私どもに対しても発せられています。私どもは思い違いをしてはならないと思うのですが、しばしば誤解されているように、召しが発せられているのは、特別なキリスト者に対してだけではありません。私どもすべての者に対して、同じ「我に従え」という招きの言葉が発せられています。証人としての召しが発せられています。——それは思えば不思議なことだと言わなければなりません。イエス・キリストを真のただ一人の証人としていますのに、なぜ私どものような者を証人として召し給うのか。それは不思議なことだと言わなければなりません。

それと同じことは、少し角度を変えて、次のように言うことができるかもしれません。——先ほども申しましたように、イエス・キリストは十字架で「すべては終わった」と言われました。その言葉が示しているように、あそこでは人間と世界の救いのために起こるべきことはすべて起こりました。そしてさらにイエス・キリストがその甦りにおいて、ただ一人の真の証人として、そこで起こったことが何であったかを告げ給うとすれば、それ以上に何が必要でしょうか。それ以上必要なことは何もないはずです。あの十字架と復活が世界の歴史の終わりであり、世の終わりであってもよかったはずです。あの時にもう最後のラッパが鳴り響いてもよかったはずです。しかし何故かそのようにはならなかった。あの時が歴史の終わりとはならず、時間の終わりとはならずに、神は現在私どもが生きているこのような時間を設けられました。終わりの日まで続くこのような時間を設けられました。中間時と呼ばれているこういう時間を設けられました。そしてその中で私どもはこの世に生きています。そしてその中で神は私どもを教会へと召し、そこで私どもが福音の真理を証しし、証人として生きることを求めておられます。それは思えば不思議なことだと言わなければなりません。

私は今二つの疑問について申しました。すなわち一つはイエス・キリストがただ一人の真の証人としておられるのに、何故私どものような者を証人として召し給うのだろうかという疑問。そして今一つはイエス・キリストの死と甦りですべてのことは終わったはずなのに、なおも中間時が設けられて、そこに教会が建てられ、私どもが証人として召されているのは何故だろうかという疑問でした。それら二つの問いは、言うまでもなく同じことを問うています。そういう問いに対する答えを聞くために、私どもは先ずIコリント書一章九節を読んでおきたいと思います。「神は真実な方です。この神によって、あなたがたは神の子、私たちの主イエス・キリストとの交わりに招き入れられたのです。」ここにはこのように訳されていますが、言葉通りに直訳すれば「あなたがたは、御子が私たちの主イエス・キリストとの交わりへと召されたのである」となるようです。すなわち、「神は私たちを召してくださる。しかしそれはどのような召しかと言えば、イエス・キリストへの召しだ」ということです。そういうこの御言葉が私どもに教えることはどういうことでしょうか。神は証人としての資格のない私どもを召してくださるわけですが――イエス・

キリストという唯一の真の証人以外には証人など必要はないはずなのに、なおも私どもを召してくださるわけですが、それは何のためかと言えば、私どもをイエス・キリストとの交わりに入らせるためだということです。そしてイエスの死と甦りにおいてすべてのことが終わったのに、なおも中間時という時間が設けられて、そこには教会が建てられ私どもが証人として召されているのは何故だろうかと言えば、やはり神が私どもをイエス・キリストとの交わりに入らしめるためだと言うことができます。

神は私どもをイエス・キリストとの交わりに入らしめるために私どもを召し給うのです。それが先ほど申しましたような疑問に対する一応の答えです。すなわち、神はそのことによって私どもをイエス・キリストとの交わりの中へ招き入れようとされるのです。

2

話しを先に進める前に、ここでちょっと立ち止まって、私ども人間がイエス・キリストとの交わりの中に入れられるという場合、その交わりとはどのようなものかということについて一言申し上げておかなければなりません。その交わりというのは、あのヨハネ福音書一〇章一四節で、イエス御自身が「私は良い羊飼いである。私は自分の羊を知っており、羊もまた私を知っている」と言っておられる、あのような関係と言うことができるでしょう。私どもがイエス・キリストとの交わりに入れられるということは、あの御言葉に示された良き羊飼いと羊との間に成り立っているような関係の中に、私どもが入れられるということに他なりません。その場合に、一方が羊飼いであり他方が羊であるという関係は変わりません。一方が主であって他方が僕であるという関係は変わりません。また交わりと言っても、イエス・キリストと私どものそれぞれがその自主性を失って相手の中に溶け込んで一つになる、融合するというようなことではありません。そうではなくて、イエス・キリストはあくまで主でありつつ、また私どもはあくまで僕でありつつ、ちょうどあの良き羊飼いと羊の間に知りまた知られるという関係が成り立つように、堅固な統一が成り立つこと、それが交わりだと言うことができます。

神は私ども人間とのそのような交わりを真剣に考え、重大なことと考え給うのです。ということは、突き詰めて言えば、神はあくまで人間の神であろうとされるということです。人間抜きの神ではなく、人間と共なる神であろうとされるということです。あるいは人間抜きで――人間の頭越しに、その御業を完了しようとはされないということです。もし人間抜きで――人間の頭越しにその御業を完了されるならば、それが人間にとってどのように大きな恵みであっても、それは人間に対しての一方的な押し付けになってしまいます。そのようなことを、神は欲し給いません。神は私どもが自由へと召された被造物として、自発的に神の救いの御業に参与することを欲し給うのです。――神は人間との交わりのためにイエス・キリストにおいて御自身を人間に与え給いました。それに対応して、人間の方でもやはりこの交わりの中に生きることを、神は欲し給います。神の救いの御業に対して、人間が単に見物人として傍観者として立っていることを神は欲し給いません。人間がやはり人間としてその御業に参与することを神は欲し給うのです。神の側から言えば、人間がどれほど不必要な証人であるにしても――またどれほど不完全な証人であるにしても、その限界の中で精一杯の証人として生きることを神は欲し給います。そのために神は私どもを証人として召し給いました。キリスト者として召し給いました。そしてそのような証人の群れとして教会を建て給いました。そしてそのような教会の時として、中間時を――イエス・キリストの甦りからその再臨までの時間を設け給いました。そういう時間の中に、私どもは今生きているのです。

神の救いの御業に私ども人間が参与するというような言い方、それは奇異な感じを与えるかもしれません。あるいは、それは人間の傲慢だとお考えになる方があるかもしれません。神の救いの御業は私どもが信頼と服従をもって受け入れるべきもので、それに私どもが参与するとか協力するとかいうのは、大それたことだとお考えになる方があるかもしれません。それは確かにある意味ではそのとおりなのです。すなわち、イエス・キリストの働き――人間を義とし聖としてくださるイエス・キリストの働き、それに関しては確かにそのとおりです。そこでのイエス・キリストの働きに私どもが参与するなどということは大それたことです。それを私どもは感謝と喜びをもって受け入れる他にありません。マリアが御使《みつか》いからイエスを身籠っていることを告げられたとき、「お言葉どおり、この身に成りますように」(ルカ福音書一・三八)と言いましたように。しかし預言者としてのイエス・キリストの働きに関してはそうではないのです。そこではむしろ参与しないことが許されない。それこそ不信頼、不服従なのです。もしそうであれば、例えばⅡコリント書六章一節でパウロが「私たちはまた神の協力者として……」と言っているような言葉を私どもがどう理解すればよいでしょうか。

そのことについて思い違いをしてはならないと思います。神の真理を証しするということに関しては、神は私どもがその御業に参与することを許し給うと言うだけでなく、そのことを求め給うのです。そのことを命じ給うのです。私どもがキリスト者として参与することを許し給うというだけでなく、そのことを求め給うのです。そのことを命じ給うのです。私どもがキリスト者として無数の人々の中から選ばれてここにこうしているのは何のためかと言えば、それは証しのためだと言わなくてはなりません。教会がこの世界に建てられているのは何のためかと言えば、それは証しのためだと言わなければなりません。

3

以上がこれまで長々と申して来ましたことの一応の結論です。そのような結論の上に立って、さらにもうしばらく申し上げることにしたいと思います。――いま結論的に申しましたようなこと、すなわち「キリスト者というものは、証人として召された者だ」ということ、それは誰にでもスンナリと受け入れられるようなことではないと思います。キリスト者をそういう者とは考えない人々、それとは違ったように考えている人々はたくさんいると思います。むしろそれとは違ったように考える方が普通ではないでしょうか。

キリスト者とはどういう者たちなのか、そういう問いに対して昔から至極当然のこととして、こういう答え方がされて来たと思います。すなわち「キリスト者というのは、福音に接することによって眼を開かれ、悔い改めを与えられ、信仰を与えられ、新しい命にあずかることを許された者。あるいは神によって愛された者、そして逆に神を愛するようになった者。あるいは神がイエス・キリストにおいて成就してくださった和解の恵みにあずかり、それを享受するもの」、一言で言えば、「神の祝福を受けるようになった者」、それがキリスト者であるという考え方。そういう考え方は昔からきわめて普通のこととして考えられて来ました。――それはきわめて人間的なことであって、人間には十分によく理解できることです。それを間違いだと言うことは決してできません。しかし昔から当然のこととされてきたそのような考え方は、確かに人間的ではあるけれども、しかしあまりにも人間的ではないでしょうか。そのように言うのは、一々お断りしませんけれども、私ではなくて、バルトが言うのです。聖書に示されたイエス・キリストの姿というのは、言うまでもなく他者のために徹底的に自己放棄された方の姿でありました。そういうイエス・キリストの姿に対して、今申しましたような私どものキリスト者というものについての理解は、あまりにも個人主義的な、自己中心的な、また実存的エゴイズムの匂いが立ち込めているのではないでしょうか。いったいイエス・キリストは、そういう私どもの個人的な幸せや祝福のために十字架で血を流し給うたのだろうかと言わざるを得ないわけです。

そのことは第一に聖書に照らして問題だと言わざるを得ません。聖書には勿論いろいろな人の召命の物語、回心の物語があります。そしてそれらの物語において、その召命を受けた人、回心した人が幸せになったということ、祝福を受けたということは勿論否定されてはいません。しかし注意しなければならないのは、そこでそういう人々が幸せになった、祝福を受けたということが、決してそれらの物語の中心とはなっていないということです。それは記されていても、あくまで付随的なこととして記されているに過ぎないということです。そして、それらの物語が中心的に語っていることは、そうした召命を受けた人、回心した人が、証人としての委託を与えられて派遣されたということです。

そのことを最も激烈とも言うべき仕方で語っているのはパウロで、彼はロマ書九章二節以下で、こういう驚くべき言葉を語っています。「私には深い悲しみがあり、私の心には絶え間ない痛みがあります。私自身、兄弟たち、つまり肉による同胞のためならば、キリストから離され、神から見捨てられた者となってもよいとさえ思っています。」パウロはここで、自分に与えられた使命遂行のためには「私のこの身が呪われて、キリストから離されてもいとわない」と言います。すなわち彼にとってこの上もなく貴重なものだったはずの自分の救い、自分の祝福、それを放棄してもかまわないと言い放っているのです。

そういうパウロの言葉を聞いて私どもがパウロのような偉大な信仰者の場合にはそうかもしれないが、それは例外であって私どもの場合には……などと言ってはならないでしょう。キリスト者とはどのような者かという今ここで問題にしていることに関しては、パウロの場合にも、私どもの場合にも何の違いもないはずです。すなわち私どもが召しを受けてキリスト者とされているということの中心が決して私の個人的な祝福や幸せのためではなくて、神からの委託を遂行するためだという点で、パウロの場合も私どもの場合も、何の違いもないはずです。パウロがそうであったのと同じように、私どもも証人という使命を与えられてここに置かれているのです。別の言い方で言えば、私どもはキリスト者である以上、誰一人としてプライヴェートな人間（私人）ではないということです。皆、公の人間だということです。あるいは教会の中で牧師だけが働き人であって、平信徒である我々は、精々牧師の働きを助ける者だなどと言い出してはならないということです。

そのことが忘れられる時――すなわち、私どもが一人一人プライヴェートな世界に引っ込んで、私の祝福、私の幸せということが私どもの信仰生活の目標になる時に、皮肉にもそこで起こることは、その私どもの目標である私の祝福、私の幸せというものもおそらく失われてしまうだろうということです。その場合に私どもが思い出すのは、あの「自分の命を生かそうと努める者は、それを失う」（ルカ福音書一七・三三）という主の鋭い御言葉です。私の祝福、私の幸せということが、私どもの目標である場合には、その目標が達せられることはないでしょう。

そして主がその御言葉に続けて言っておられるように、イエスのためにその命を失う者がかえってそれを保つのだという一見逆説に見えることが実は真実なのだということを私どもは知らなければならないでしょう。すなわち私どもが私の幸せ、私の祝福を目標にするのではなく、神から与えられた証人としての委託を遂行する中でこそ、私の幸せ、私の祝福も私に与えられるだろうということも言わなければならないと思います。——その場合に私どもが思い出しますのは、あのマタイ福音書の有名な「野の花、空の鳥を見よ」という箇所です。あの六章三一節—三三節には、このように記されています。「だから、『何を食べようか』『何を飲もうか』『何を着ようか』と言って、思い悩むな。それはみな、異邦人が切に求めているものだ。あなたがたの天の父は、これらのものがみなあなたがたに必要なことをご存じである。何よりも先ず、神の国と神の義を求めなさい。そうすれば、これらのものはみな加えて与えられる。」主イエスはここで、何を着ようか、何を飲もうかというような私どもの衣食に関する思いわずらいをするなと言っておられます。しかし彼は決して私どもの衣食住そのものを否定されません。彼は、「あなたがたの天の父は、これらのものが、ことごとくあなたがたに必要であることをご存じである」と言われます。しかしそれにもかかわらず、彼は「先ず神の国と神の義を求めなさい」と勧め給います。それこそが私どもにとって第一義的に重大なものですから、そのような神の国と神の義とを求めることを勧め給います。そしてそのような神の国と神の義を求めることの中で、確かに私どもにとって不可欠な衣食住というようなものも、「すべて加えて与えられる」と言われます。――それと同様に私どもの個人的な祝福、個人的な幸せというようなもの――それが私どもにとって不可欠だということを天の父は十分にご存じに違いありません。しかしそれは、それを目標にすることによって得られるのではないということ――むしろ反対にそれを目標にすることによって、それは失われるということ、そしてただそれらのものは神の国と神の義という第一義的に重大なものを求める中でだけ与えられるのだということ。この三三節が「先ず神の国と神の義を求めなさい。そうすれば、これらのものはみな加えて与えられる」と言っているように、それは「加えて与えられる」だろうということ。言わば添え物として、付随的にではありますが、しかし必ず与えられるだろうということ。そのことをこの聖句は私どもに教えてくれています。

以上、ごく大まかに私自身の言葉に直して紹介しましたようなことが、カール・バルトが『和解論』の「証人としてのキリスト者」の章で私どもに指し示してくれている内容です。

【一九八六年七月二七日　信濃町教会全体会講演】

待ちつつ急ぎつつ

愛する人たち、このことだけは忘れないでほしい。主のもとでは、一日は千年のようで、千年は一日のようです。ある人たちは、遅いと考えているようですが、主は約束の実現を遅らせておられるのではありません。そうではなく、一人も滅びないで皆が悔い改めるようにと、あなたがたのために忍耐しておられるのです。主の日は盗人のようにやって来ます。その日、天は激しい音をたてながら消えうせ、自然界の諸要素は熱に熔け尽くし、地とそこで造り出されたものは暴かれてしまいます。このように、すべてのものは滅び去るのですから、あなたがたは聖なる信心深い生活を送らなければなりません。神の日の来るのを待ち望み、また、それが来るのを早めるようにすべきです。その日、天は焼け崩れ、自然界の諸要素は燃え尽き、熔け去ることでしょう。しかし私たちは、義の宿る新しい天と地とを、神の約束に従って待ち望んでいるのです。

（Ⅱペトロ書三・八―一三）

1

歳をとりまして、礼拝に出るのがやっとという状態ですから、教会のこともだんだん様子が分からなくなっております。今度のこの婦人会の修養会のことも、委員の方々から説明を受けておりますけれども、どれだけ分かっておりますか。主題が「礼拝と生活」ということは承知していますが、どういうことを学ぼうとしておられるのか、それすら十分に分かっているとは申せません。それで自分なりに多分「キリスト者の生活はいかにあるべきか」というようなことであろうと推察いたしまして、小さな話しを準備して参りました。仮に「待ちつつ急ぎつつ」という題をつけておいていただきましたが、結局申し上げたいと思うことは、「キリスト者の生活」ということ、あるいは「キリスト者はいかに生くべきか」というようなことだと思います。そのような問題を考えますための拠りどころとして、いま読んでいただきましたⅡペトロ書三章八―一三節の箇所を選びました。実は中心的に学びたいのは、この一二節にある「神の日の来るのを待ち望み、また、それが来るのを早めるようにすべきです」という御言葉についてなのですが、このまことに奇妙な、一読しただけでは何のことかよく分からない御言葉について学ぶためには、その前後の箇所――すなわち八節から一三節の箇所に一通り目を通しておかなくてはなりません。ところでこの三章八―一三節の箇所は、一読してお分かりになるように主イエス・キリストの再臨について述べられた箇所です。一〇節に「主の日は盗人のようにやって来ます」とありますが、ここで言われている「主の日」というのは、主イエス・キリストが世の終わりに再び来られる、その再臨の日のことです。その「主の日」が「盗人のようにやって来ます」とここには言われています。すなわち、盗人が私どもの予期しない訪問客として私どもの家を訪問するように、再臨の日は私どもの思いがけない時に、思いがけない仕方で私どもに襲いかかって来ると、ここには言われているわけです。

その主イエスの再臨とはどういうことなのか。そのことを、このIIペトロ書のテキストから少し離れて先ず学んでおきたいと思いますが、私どもの生きているこの世界がいつまでもいつまでも永遠に続く世界ではないということ、やがて終わりの時がやって来るということ、やがて決着の時、決済の時がやって来るということ、主イエスの再臨によって決着の時が来るということ、それは新約聖書を通じて繰り返しいろいろな形で述べられていることです。したがってそれは――主の再臨ということは、私どもキリスト者にとって信仰の大切な一箇条であることは言うまでもありません。私どもが礼拝で唱える日本基督教団信仰告白の本文の一番最後にも「主の再び来たり給うを待ち望む」と記されていますし、それに続いて唱えられる使徒信条にも「かしこより来たりて生ける者と死ねる者とを審き給わん」という言葉が記されています。あのイエス・キリストが再び来られるということ――福音書がその御生涯について証ししているイエス・キリストが、そして私どものために十字架にかかって死んで甦られたイエス・キリストが、そして今神の右にいまして世界を支配しておられるイエス・キリストが、もう一度来られるということ。それは初代教会の人々が固く信じていることであっただけでなく、今日の私どもの信仰であり、私どもにとっても大切な信仰箇条です。

ところでこのⅡペトロ書三章八節以下のこの箇所では、その主の再臨という出来事が、例えば一〇節では「その日、天は激しい音をたてながら消えうせ、自然界の諸要素は熱に熔け尽くし……」というふうに、また一二節では「その日、天は焼け崩れ、自然界の諸要素は燃え尽き、熔け去ることでしょう」というふうに描かれています。何か非常に恐ろしい光景として、いわばおどろおどろしい光景として描かれていますけれども、しかし初代教会の人々はそれを決して恐ろしい忌まわしい日とは考えていませんでした。むしろ身を延ばすようにしてその日の到来を待ち望んでいました。私たちは私たちの国籍のある天から救い主イエス・キリストの来られるのを待ち臨んでいると、ピリピ書三章二〇節にはありますが、それが初代教会の人々の主の再臨を待ち望む基本的な姿勢でした。

私たちは私たちの生きているこの世界が、どのような世界であるかをよく知っています。もしこのような世界がいつまでもいつまでも続くとしたならば、それこそ恐るべきことです。このような世界にもやがて決着の時が来るということ、決済の時が来るということ、この世界に創めがあったのと同じように終わりの時があるということ、そのことが私どもにとっての希望であり、その日こそ私どもの喜びの日だと言わなければなりません。

たしかにその時には最後の裁きが行われるということを、私たちは知っています。先ほど申しました使徒信条にも「かしこより来たりて生ける者と死ねる者とを審き給わん」とありますように、そこでは最後の審判が行われるということを知っています。マタイ福音書二五章のあの有名な箇所が語っているように、すべての者がイエスの前に集められ、羊飼いが羊と山羊とを分けるように、御国《みくに》を受け嗣ぐべき正しい者と御国を受け嗣ぐことのできない正しくない者とを分けられる。そのような最後の審判の日でもあることを、私たちは知っています。それは確かに私たちにとっては恐るべきことであるに違いありません。しかし不思議なことには、代々の信仰者たちは、それを決して恐るべきこととは考えませんでした。例えばあの有名な、宗教改革の頃にできた『ハイデルベルク信仰問答』の第五二問には、「生ける者と死ねる者を審くためのキリストの再臨は、どのような慰めを与えますか」という問いが先ず書かれていますが、この問いに対してそこに記されている答えは、「それはかつて私のために神の審きに御自身を献げて私からすべての呪いを取り除いて下さったあの審き主が、天から来られるのを、私が首を上げて待望するということです」という言葉です。すなわち最後の審判は、私ども罪人には恐るべきことであり、厳しいことに違いはありませんが、しかしこの『ハイデルベルク信仰問答』を記した人々は、その日を「首を上げて待ち望む」と言うのです。最後の審判を何故そのように首を上げて待ち望むことができるかと言えば、それはこの最後の審判の日に、審判者の席に座っておられるのが、決して恐ろしい閻魔大王のような方ではなくて、そこに言われているように「かつて私のために神の審きに御自身を献げて、私からすべての呪いを取り除いて下さった」イエス・キリストだからだというのです。かつてこの地上での御生涯において、私どものために最も良いことをしてくださったイエス・キリストだからだというのです。それだから、私たちは「首を上げて」その日を待ち望むことができると、『ハイデルベルク信仰問答』の筆者は言うのです。

私どもが終わりの日を待ち望むということは、そういうことです。それ故に初代教会の人々は、主の再臨の日の到来を「首を上げて」待ち望んでいました。切実な思いで待ち望んでいました。「主よ、早く来てください」という痛切な叫び声は、この新約聖書全体を貫いていると言ってよいと思います。

そしてそのことを極めて明瞭に示しているのが、新約聖書の最後の言葉ではないでしょうか。新約聖書は言うまでもなくヨハネ黙示録で終わっているわけですが、そのヨハネ黙示録がどういう言葉で終わっているかと申しますと、「以上すべてを証しする方が、言われる。『然り、わたしはすぐに来る。』アーメン、主イエスよ、来てください。主イエスの恵みが、すべての者と共にあるように。」（ヨハネ黙示録二二・二〇—二一）こういう言葉で終わっています。しかしこの二一節の言葉は、言わば祝祷の言葉ですから、これを別にするとヨハネ黙示録は——したがってまた新約聖書全体は「然り、私はすぐに来る」という主イエスの応答と、私ども人間の「主よ、来てください」という叫びと、この二つの声が呼応する中で――この呼応の中で終わっているということができます。ある人が言っていますように、この叫び求めとそれに対するイエスの応答が、新約聖書全体の言わば総括だと言うことができます。そしてさらにそれがまた聖書全体の総括だと言うことができると思います。

2

再臨の主に対する待望、主の日の到来への期待ということは、初代教会の人々にとって、それほどにも切実なものでした。しかしそのことがいつ起こるか、その日がいつ来るかということについては、誰も知ることはできないというのが聖書の人々の自覚でした。「その日、その時はだれも知らない。天使たちも子も知らない。父だけがご存じである」（マルコ福音書一三・三二）という主御自身の言葉が語っている通りです。しかしそれにもかかわらず人間の側の期待の問題として、それがいつ頃起こるだろうかということについては、いろいろに推測されていました。そしてその推測は、新約聖書に収められたいろいろな文書の中でも、それが書かれた時代によって大きな推移があったと言われています。新約聖書の中で最も早い頃（すなわち紀元五〇年頃）書かれたと言われているパウロのⅠテサロニケ書では、パウロは自分が主の再臨の時まだ生きているだろう（四・一五）と書いているのですが、そのパウロが死んだ紀元六〇年頃になっても、主の再臨はまだ起こらない。そればかりか、それからさらに数十年たって書かれたと言われるこのⅡペトロ書の頃になっても、主の再臨は起こらない。そのような事態を「主の再臨の遅延」と申しますが、私どもはこのⅡペトロ書という手紙がそういう主の再臨の遅延の中で書かれた手紙であるということを知っておかなくてはなりません。主イエスの復活からその再臨までの時間を「中間時」という名で呼ぶことが多いのですが、その言葉を用いて言えば私どもはこの手紙が、言わば引き延ばされた中間時の中で書かれた手紙だということを知っておかなくてはなりません、そういう事態の中で――すなわち主の再臨の遅延の中で、また中間時の引き延ばしの中で、当然のことながら起こったのは、教会を取り巻く世間の人々の教会に対する嘲笑や軽蔑、あるいは非難攻撃でした。お前たちが言っていた主の再臨というのはいったいどうなったのだ、一向に起こらないではないかという嘲りが、教会に対して投げかけられました。この三章四節に「主が来るという約束は、いったいどうなったのだ。天地創造の初めから何一つ変わらないではないか」という言葉が引用されていますが、これはそういう教会の外にあって教会を嘲る人々の声に違いありません。

そういう非難攻撃あるいは嘲笑の声を耳にしながら、このⅡペトロ書という手紙の筆者は、それに対して様々な反論を試みています。例えば、「愛する人たち、このことだけは忘れないでほしい。主のもとでは、一日は千年のようで、千年は一日のようです」（八節）と言ったり、「ある人たちは、遅いと考えているようですが、主の約束の実現を遅らせておられるのではありません。そうではなく、一人も滅びないで皆が悔い改めるようにと、あなたがたのために忍耐しておられるのです」（九節）と言ったりしています。

しかし今私どもはこの手紙の筆者がここで試みているそのような反論の一つ一つに立ち入って学ぶことはできません。むしろ私どもが今このテキストから学びたいと思うことは、今申しましたような教会の状況の中で――すなわち主の再臨の遅延という状況の中で、あるいは引き延ばされた中間時という時間の中で、この手紙の筆者が教会内の人々に対して何を語っているか、どのように生きることを勧めているか、どのような生きざまを求めているかということです。

そのようなことをこのテキストから学びたいと思いますのは、私にはこのⅡペトロ書という手紙が書かれた状況が、今日私どもが生きている状況とあまり違ったものではないと思われるからです。あまり違ったものでないどころか、それは本質的な点では全く同じ状況だと思えるからです。先ほど申しましたように、この手紙は二世紀の前半と言われていますが、その時から今日までさらに千数百年という時間が経過しました。主イエスの復活の時から数えればもう二千年近い時間が経過しました。しかし主の再臨はまだ起こっていません。私どもが主の再臨の遅延の中で生きていることは、初代教会の人々と同じです。引き延ばされた中間時の中に生きていることは同じです。そしてそういう時間の中で私どももまた「主の再び来たり給うを待ち望む」と唱えつつ生きているということも同じです。初代教会の頃に比べて少しも明るくなったとは言えない人生の苦しみの中にあって、主が再び来られて私どもの目の涙を拭い取って下さる日の到来を待ち望んで生きているという点で、初代教会の人々と何の違いもありません。

3

ところでそういう当時の信仰者に対して、このⅡペトロ書の筆者はどのように生きることを勧めているでしょうか。どのような生きざまを求めているでしょうか。この一二節に「神の日の来るのを待ち望み、また、それが来るのを早めるようにすべきです」と記されています。これがこの手紙の筆者が当時のキリスト者に勧めている生き方であり、求めている生きざまだということができます。

しかしこれは非常に奇妙な言葉です。ここに言われている「神の日」というのは、一〇節の「主の日」と同じように主イエスの再臨の日のことですが、その主の再臨の日を「待ち望む」というのは分かるとしても、「それが来るのを早める」とはいったいどういうことでしょうか。主の再臨の日の到来を人間が早めるなどということが言えるのでしょうか。言ってよいのでしょうか。

そのことを理解するためには、ここでどうしてもこの「早める」というふうに訳されているギリシア語の原語のことについて一言申さなければなりません。私はそういうことについては申し上げる資格のない者なのですが、ここでやはり一言、学者の教えてくれることをお伝えしなくてはなりません。

ここに「早める」と訳されているギリシア語の原語は「スペウドー」という動詞なのですが、この言葉は他動詞にも自動詞にも使われて、他動詞に使えば「早める」とか「急がせる」とかいう意味になりますし、自動詞に使えば「急ぐ」という意味になります。ですからこれを他動詞にとるか自動詞にとるかで訳し方が違ってくるわけです。私どもの手にしている新共同訳では他動詞にとって「それが来るのを早めるようにすべきです」と訳していますし、文語訳でも「これを速やかにせんことを勉《つとむ》べきにあらずや」というふうに他動詞として訳していました。しかし有名なドイツのルター訳などでは「神の日の将来を待ちかつそれに向かって急げ」というふうに自動詞にとっています。日本語訳でも、大正時代にできた永井直治という方の翻訳では「神の来臨の日を待ち臨みつつ、且つ急ぎつつ」というふうに訳されていました。

そういうわけで、これはどちらにでも読めますし、どちらの読み方が正しくてどちらの読み方が間違っているとも言えないように思います。それでここでは、先ずこのスペウドーという言葉を自動詞として読んだ場合に、この一節は私どもにどういうことを教えてくれるかを学び、それからさらにこれを他動詞として読んだ場合はどういうことを教えてくれるかを学びたいと思います。

で先ず、これを自動詞にとった場合ですが、その場合にはこの一二節は結局「神の日の到来を待ち且つそれに向かって急ぐべきだ」ということになります。しかし神の日の到来を待ち且つそれに向かって急ぐ」とはいったいどういうことでしょうか。私どもが神の日の到来を待つということ、これはよく分かります。私どもが神の日の到来に対して取らなければならない態度が「待つ」という態度だということ、これはよく分かります。主の再臨はただ神の御意志によってだけ起こることですから、そして人間はそれに介入することはできないのですから、それに対する態度が、また姿勢が、待つということでなければならないのは、言うまでもないことです。

しかしこの一二節で、ただ単に神の日の到来を待てとか待ち望めとか言われているだけでなく、それに向かって急げと言われているのは、いったいどういうことでしょうか。待ち且つ急ぐとはどういうことでしょうか。それは、先ず消極的に言えば、私どもが神の日の到来に対してとる姿勢が単に「待つ」ということだけではいけないということでしょう。例えば、私たちがいつ来るとも知れない列車の到来をプラットホームで待つように、単に待つということであってはならないということでしょう。単に時間つぶしにベンチに寝そべったり、無為に怠惰に待つのであってはいけないということでしょう。

しかしそれならば、ここに単に「待て」とだけ言われているのではなく、「待ち且つ急げ」と言われているということはどういうことでしょう。この手紙の筆者は、この「急げ」という言葉で私どもにどのようなことを言おうとしているのでしょうか。

私はここで、主イエス御自身が福音書の中でいろいろな譬え話を用いて、何かを待っている人々の姿を語っておられるのを思い出します。例えば花婿の到着を待っている七人の乙女たちの譬え話（マタイ福音書二五・一―一三）、婚宴から帰って来る主人を待っている僕の譬え話（マルコ福音書一三・三三以下、ルカ福音書一二・三五以下、マタイ福音書二四・四二以下）など、いろいろな「待つ人」についての譬え話が語られているのを知っています。そしてそれらの譬え話を通して繰り返し私どもに与えられる警告は、いつもあなた方が待っているその日とは、いつ来るか分からないのだから、あなた方はいつも目を覚まして待っていなければならない。準備を整えて待っていなければならないということです。一〇人の乙女たちの譬え話について言えば、燈火を灯す油をいつも用意していなければならないということです。婚宴から帰って来る主人を待っている僕の譬え話について言えば、「腰に帯を締め、燈火を灯して」待っていなければならないということです。

そのようにして待つということ、すなわち単に無為に怠惰に待つのではなく、いつも目を覚まして準備を整えて待たねばならないということ、再臨の主を待たねばならないということ。それが、これら様々な譬えを通して主イエスが私どもに求め給うことであり、さらにまたそれがこのⅡペトロ書三章一二節の「待ち且つ急げ」という言葉によって、この手紙の筆者が私どもに勧めている生きざまだと思います。

しかしそれだけではありません。この「待ち且つ急げ」という言葉が語っていることは、それだけではないと思います。私どもは主が語られた「待つ人」についての譬え話の中には、あの有名なタラントの譬えもあることを知っています。あのタラントの譬えもやはり旅に出た主人の帰りを待っている僕たちの譬え話です。しかしこの譬えを通して主イエスが私どもに語っておられる待つ者の生きざまは、あの一〇人の乙女の譬えや婚宴から帰って来た主人を待つ僕の場合とは違って、単に目を覚ましていなさい、準備を整えて待っていなさいと言うだけではありません。この僕たちはそれぞれ分に応じたタラントを預けられて、それを管理することを命じられているのです。そういう責任を負わされて、そこに置かれているのです。彼らに、その分に応じて、あるいは一タラント、あるいは二タラント、あるいは五タラントが預けられているということは、神さまは私どもに対して決して無理な要求はされないということを示しています。しかしそれにもかかわらず、私どもそれぞれに分に応じたタラントが預けられているということは、神様が私どもにそれぞれ精一杯の働きをすることを期待しておられるということです。この譬えを通して私どもに語りかけられていることは、主の再臨の日を待ち且つそれに向かって急ぐということは、単に目を覚まして準備を整えているということだけではないということです。そうではなくて、私どもは与えられたこの時間の中で――この中間時という時間の中で精一杯の働きをしなくてはならないということです。それが、主の再臨の日を待ち且つそれに向かって急ぐ者の生きざまだということです。

私どもはこの譬えの中で、一タラントを預けられた僕の話が語られているのを知っています。彼はきっと真面目で慎重な人であったのでしょう。彼は自分に預けられた一タラントを大事にして、それを運用して増やすなどという危険なことは考えずに、土の中に埋めておきます。そして主人が帰って来た時、それを掘り出して帰って来た主人の前に差し出しますと、主人は非常に怒って、怠惰な僕よ、そんなことならいっそその一タラントを銀行に預けておいた方がましだったと言って、その僕を外の暗闇に放り出してしまったという話がついているのを私どもは知っています。ある人がこの僕は、イエスが私どもに求められるのは、たとえそれが冒険であっても敢えて神に仕え隣人に仕えるべきであるのに、自分の信仰の中に閉じこもって、ただひたすら自分の信仰を守ることに専心しているキリスト者のことだと言っていました。あるいはそのように言えるかもしれません。いずれにしても、この僕は待つことだけを知っていて、急ぐことを知らない僕だと言うことができると思います。

いずれにしても私はⅡペトロ書三章一二節を「待ち且つ急ぐ」というふうに読む場合に、この言葉が語っているのは、キリスト者のそのような生き方、生きざまだと思います。来たり給う再臨の主に対して目を覚まして身支度を整えて生きるというだけでなく、たとえ冒険を冒してでも、私どもに託されたタラントを用いつくして生きる生き方だと思います。

以上で私はこのⅡペトロ書三章一二節で使われているスペウドーという動詞を自動詞として読む場合に、この聖句から聞き取れると思う事柄についてお話しして参りました。すなわちこの一節を「神の日の到来を待ちつつ且つそれに向かって急ぎつつ」というふうに読む場合に、そこから聞きとれると思う事柄についてお話しして参りました。

しかしこの「スペウドー」という動詞は他動詞としても使われる動詞です。ですからこの三章一二節は、この新共同訳聖書が訳しているように「神の日の来るのを待ち望み、また、それが来るのを早めるようにすべきです」とも読めるわけです。そのように読んだ場合には、この聖句は何を語っているでしょうか。どのようなことを私どもに語りかけているのでしょうか。

しかしそのように訳した場合には、この聖句は先ほども申しましたように、実に奇妙な聖句だと言わなければなりません。主の日の到来を――主イエスの再臨の日を私ども人間が早めるなどいうことはすべきことではないはずなのに――また出来ることでもないはずなのに、それを早めるとはどのようなことでしょうか。

そのことを理解するために、マタイ福音書二四章一四節を開いてみていただきたいのですが、そこにはこのように記されています。「御国のこの福音はあらゆる民への証しとして、全世界に宣べ伝えられる。それから、終わりが来る。」この御言葉が語っていることは、終わりの日が来るのには一つの前提条件がある。それは福音が全世界に宣べ伝えられるということだというのです。勿論終わりの日がいつ来るかは父なる神以外の誰にも分からない。しかしそれがいつ来るにしても、それ以前に福音は全世界に宣べ伝えられていなければならないということ、それが初代教会の人々の信仰でした。必ずしも全世界の人々が信仰者になってから、というのではありません。しかし少なくとも福音は全世界に宣べ伝えられていなければならないというのです。学者は、そのような信仰がこのⅡペトロ書三章一二節の御言葉の背景にはある、主の再臨の日を早めるという御言葉にはある、と言っています。すなわち、もし信仰者が怠って福音を宣べ伝えないならば、主の再臨はいつまでも起こらないのです。すなわちそれは主の来臨を遅らせることになります。そして逆に信仰者が福音の宣教に励むならばそれは主の再臨の時を早めるということになります。それがこのⅡペトロ書三章一二節の奇妙な言葉の意味だと言われています。もしそうであるとすれば、それは初代教会の人々が自分たちの行う福音宣教という働きにこの上もなく重大な責任を感じていたということではないでしょうか。すなわち、それによって主の再臨の日が早められるというきわめて重大な責任を感じていたということ——神の救いの御業に参与するという重大な責任を感じていたということではないでしょうか。

4

ここで私はこれまでの話しをちょっと中断して、あのK・バルトが『和解論』という彼の大きな書物の中で言っている一つの言葉を御紹介したいと思います。それは『和解論』の中の教会論の部分で言っている言葉なのですが、要約して私自身の言葉に直して御紹介すると大体次のようなことです。彼はこう申します。主イエスが十字架で死んで甦られたことによって、人間と世界の救いのために起こらなければならないことはすべて起こってしまった。イエスが十字架で叫ばれた「事終わりぬ」という言葉、あれは新共同訳では「成しとげられた」と訳されていますが、あの言葉が示しているように、すべてのことは終わった。すべてのことは成し遂げられた。——ですから本当のことを言えば、人間の歴史はあそこで終わってしまってもよかったはずです。あの十字架と復活の時が、終末の時であってもよかったはずです。イエスのあの第一の来臨の時で歴史は終わってイエスの再臨の時などは必要なかったはずです。——ところが何故かそうはならなかった。イエスの十字架と復活で、人間の歴史は終わらなかった。イエスの第一の来臨と彼の再臨の時の間に中間時という時間が設けられ、しかもそれが二千年にもなろうとしている。イエスの来臨の遅延ということが起こり、中間時が長く長く引き伸ばされている。そしてそういう時間の中に私たちはこのように生きている。いったい何故そのようなことになったのだろうか。——そのようにバルトは自問しています。そして彼はそういう自分の発した問いに対して次のように自ら答えています。すなわち、もしそういうことになったら、すなわちあの十字架と復活で人間の歴史が終わってしまったら、そしてあの時が人間と世界の救いの完成であったなら、そしてこの中間時というものがなかったら、それがどのように大きな恵みであったとしても、それは神の一方的な恵みになってしまう。神から人間に対しての一方的に押し付けられた恵みになってしまう。神は御自身の恵みの御業が、そういう恵みで終わることを欲し給わなかった。神は人間の救いの御業が、人間がそれに少しも参与せずに終わることを欲し給わなかった。勿論神の救いの御業の完成には人間の参与などは少しも必要ではない。しかしたとえそういうものであっても、神はやはりそういうものであっても、人間の参与を欲し給うた。——そういう人間の参与の時間として、神はこの中間時という時間を設け給うた。人間が人間自身の救いに完全に参与すべき時間として、この中間時を設け給うた。したがってこの中間時という時間は、私どもが今生きているこの時間は、教会のために設けられた時間であり、教会の働きのために設けられた時間であるということ——それがバルトの言っていることです。

私はバルトの『和解論』を翻訳していて、初めてこの言葉を読んだ時、本当にびっくりしました。度肝を抜かれるようにびっくりしました。何故なら、この私どもの生きている歴史、この時間、そこでは戦争が起こったり革命が起こったりしているこの歴史、人間の大小様々な喜びや悲しみを包んで大河のように流れているこの時間、この歴史が——本来無くてもよかったこの歴史が、何のために設けられているかと言えば、それは教会のためだというのですから、びっくりせざるを得ません。そしてバルトが何故そういうことを言うことができるのかと考えました。バルトという人は、『和解論』の中で何か自分の考えを述べる際に必ずといっていいくらいに、そういうことを言う根拠として聖書箇所を示してくれる人なのですが、何故か今御紹介したような言葉を語る際に、根拠となる聖書箇所を示してくれていないので、私は一層そう思いました。しかしやがて私が気付いたことは、バルトがそのようなことを言う根拠は聖書の中にたくさんあるということ、しかも今日、私どもがこれまで学んできたⅡペトロ書三章一二節はその場合に大切な御言葉だということでした。

私どもは今このバルトの言葉を紹介する前まで、Ⅱペトロ書三章一二節の「主の再臨の日を早める」という奇妙な言葉について考えて参りました。そしてその結論的なこととして申し上げたことは、初代教会の人々にとって、全世界に福音を宣べ伝えるその教会の働きが、主の再臨の時がいつ来るかということと無関係ではないということでした。自分たちは神の救いの御業に参与させられているという自覚でした。自分たちは重大な責任ある者として、この歴史の中に置かれているという自覚でした。ですからこのⅡペトロ書三章一二節の御言葉を延長してゆけば、バルトのような言葉に到達するわけです。私どもはバルトのように言うことができるし、また言わなければならないのです。

パウロはⅡコリント書六章一節で自分たちのことを「神の協力者」と呼んでいます。これまでの聖書協会訳では「神と共に働く者」と訳されていました。パウロが自分自身を、そういう名で呼ぶ場合に、例えば大統領のかたわらに副大統領が協力者としているような意味で神の協力者ではないことを、彼はよく知っています。神はそのような協力者としての人間を必要とはされません。人間が神の協力者であるという場合に、それは例えば、母親が炊事をするときに、その側にいて炊事のお手伝いをする小さな子どものようなものと言うことができます。母親にとっては、そのような子どものお手伝いは必要ではありません。しかし母親は子どもの教育のために、あるいはしつけのために、しかし何よりも母親自身の子どもへの愛の故に、かたわらにそのような子どものお手伝いなしに自分の炊事という仕事を終えようとはしないのです。

私どもの信仰生活では、神様が自分に何をしてくださるか、どのような恵みを与えて下さるかということにだけ心が向かいがちです。勿論それは大切なことに違いありません。それこそ私どもの信仰の出発点であり、原点であると言わなければならないでしょう。しかし私たちは自分が主の来臨の日を待つ者としてだけここに置かれているのではないことを知らなければなりません。私どもは単に待つ者としてだけではなく待ち且つ急ぐ者として――そしてさらには急がせる者として、ここに置かれているのだということを知らなければなりません。

【一九九六年七月二六日　信濃町教会婦人会修養会講演】

あとがき

戒能信生

井上良雄先生の『キリスト教講話集』Ⅳをお送りする。本書には、一九六五年から一九九六年の時期の講演や奨励、ラジオ放送、スピーチの類を時間順に収録した。

井上先生の没後、書斎から見出された一四冊の「説教・講演ノート」のタイトル数は、合わせて三一五件に上る。この『キリスト教講話集』Ⅰ―Ⅳに収録された説教や講演の類は合計四三篇で、全体のごく一部を紹介したに過ぎない。しかし、先生がこのような説教や講演を通して訴えようとしたこと、日本の教会のために語ろうとしたことの一端を読み取ることができるのではないかと考えている。

二〇一二年にⅠ、Ⅱを刊行した際、そこに収録されたのは説教が中心だったので、「説教集」とすべきではないかという疑問が寄せられた。しかし、当初からⅢ、Ⅳに収録された講演やスピーチなども含めて紹介したいと考えていたので『キリスト教講話集』という表題を付けたのであった。

このⅣには、特に一九七〇年前後の教団問題や東神大闘争についての井上先生の理解や立場について触れられているものが少なくない。一九七一年一月の沖縄セミナーでの講演「戦争責任の問題」や、西片町教会での鈴木正久牧師記念講演「今日のキリスト告白」（一九七四年）等では、教団問題についての先生の理解が率直に語られている。あれから半世紀近くが経過した現在も、なお教団の混迷は続いている。しかし井上先生がその当時指し示した日本の教会の歩むべき方向は、今なお訴求力を失っていないと私は感じている。

本書には二つのラジオ講演も含まれる。キリスト者だけではなく、一般の聴取者に対して先生が語りかけたものとして貴重と思われるので、下書きの原稿から起こして収録した。なおこの他にも、FEBCで放送した「ブルームハルト父子」についての二回のラジオ講演（一九九五年）があるが、『神の国の証人ブルームハルト父子』と内容的に重なることもあり割愛した。（関心のある方は『時の徴』一三九号、一四〇号に掲載されているのでご覧いただきたい。）

特にカール・バルトの教会と国家論については、『義認と法』『キリスト者共同体と市民共同体』などの政治社会論文を中心に、その複雑で難解な神学議論を、井上先生の言葉に移して分かりやすく噛み砕いて紹介されている。また先生の訳業のライフワークとも言うべきバルトの『和解論』の精髄が、いずれも信濃町教会で行われた二つの講演「バルトの教会論」「証人としてのキリスト者」に精確に紹介されている。是非味読していただきたい。

最後に収録した「待ちつつ急ぎつつ」は、先生の八九歳の時、もうお身体も不自由になり長時間の外出が制限される健康状態の中で、ご自宅近くのナザレ修女会で行われた信濃町教会婦人会の修養会での講演である。先生が公の場で語られた最後の講演であり、それだけに先生の信仰理解の集約とも言える内容だろう。

これらの講演を、先生の自伝的著書『戦後教会史と共に』と読みあわせると、その時その時の時代における井上先生の発言の位置と射程を読み取ることができるように思う。

なお、このⅣには一一篇の講演類を収録したが、その中で同人誌『時の徴』に既載したのは、「神学校における人間形成」（一三四・一三五合併号）、「私の理想とする人　シュザンヌ・ド・ヴィスムス」（一三〇号）、「今日のキリスト告白」（一四七号）、「バルトの教会論」

（一三七・一三八合併号）、「カール・バルトにおける教会と国家」（一四五号）、「待ちつつ急ぎつつ」（一三三号）の六篇である。

翻刻作業は、「今日のキリスト告白」は樋川高康牧師に、「バルトの教会論」は秋永好晴牧師に担っていただいたが、その他は戒能が担当した。また校正について、千代田教会員の常盤陽子さんに手伝っていただいた。感謝をもって記す。

二〇一七年六月

井上良雄（いのうえ・よしお）

一九〇七年―二〇〇三年。西宮に生まれる。東京府立第一中学校、第一高等学校を経て京都帝国大学独文科卒。同人誌『磁場』『麺麭』などで文芸評論を書き、「宿命と文学に就いて」「芥川龍之介と志賀直哉」などで新進批評家として注目された（その間の文章は『井上良雄評論集』〔梶木剛編〕に収録）。法政大学講師となるが、三四年、治安維持法違反で検挙され失職。その後、日大で講師を務めながら精神的彷徨の時期を過ごす。このころカール・バルトを読み、また教会に通い始めた。四五年三月、日本基督教団信濃町教会で福田正俊牧師から洗礼を受ける。戦後は「キリスト者平和の会」の創立に尽力。日本基督教団社会委員長を歴任。また東京神学大学教授としてドイツ語を教えると共に、バルト『教会教義学』第四部「和解論」の全訳を完成。他にバルト『教義学要綱』など多数の翻訳がある。著書に『主よ、われら誰に行かん』、『神の国の証人ブルームハルト父子』、『汝ら時を知るゆえに』、『山上の説教』、『戦後教会史と共に』、『ヨハネ福音書を読む』など。

待ちつつ急ぎつつ
キリスト教講話集Ⅳ　〈新教新書 278〉

2017年8月1日　第1版第1刷発行

著　者……井上良雄

発行者……小林　望
発行所……株式会社新教出版社
〒162-0814 東京都新宿区新小川町 9-1
電話（代表）03 (3260) 6148
振替 00180-1-9991
印刷・製本……株式会社カショ

ISBN 978-4-400-51453-4　C1216

井上良雄

大いなる招待

キリスト教講話集Ⅰ

没後発見された14冊の「講演・説教ノート」から40年代と50年代の10篇を精選。生前の説教集とはまた趣の異なる瑞々しい肉声が響く。　新書判　１７００円

井上良雄

エデンからゴルゴタまで

キリスト教講話集Ⅱ

表題作ほか「教会は何のためにあるか」「貧しさからの出発」「復活後の時の中で」「怖るな」など、60年代から80年代までの10編を収録。　新書判　１７００円

井上良雄

キリスト者の標識

キリスト教講話集Ⅲ

「市民に訴える」「原水爆禁止とキリスト教」など著者の平和運動からの発言をはじめ「バルトにおける国家の問題」など12編を収録。　新書判　１７００円

井上良雄

神の国の証人ブルームハルト父子

待ちつつ急ぎつつ

バルトに深い影響を与えた異色の牧師父子。終末論的緊張を各様に生き抜いたこの二人の信仰と実践を、深い理解を込めて描いた評伝大作。　四六判　４５００円

井上良雄

戦後教会史と共に

1950-1989

著者の時論的発言41編を集成。社会と国家に対する教会の責任をバルト神学を導きとしつつ思索し、かつ教会的実践に誠実に参与した軌跡。　四六判　３６００円